SNS 시대, 관계의 정석

'¬홍길동'에
대한 연구

SNS 시대, 관계의 정석

'ㄱ홍길동'에
대한 연구

초판인쇄 2015년 8월 25일
초판발행 2015년 9월 3일

지은이 김광주
펴낸이 김원중

기획 김재운 · 출판기획전문 (주)엔터스코리아
편집 송보경 심성경 김주화
디자인 박선경 신은정 ǀ **제작** 허석기
관리 차정심 ǀ **마케팅** 박혜경

펴낸곳 (주)상상예찬
　　　　도서출판 상상나무

출판등록 제313-2007-000172(2007.08.29)
주소 경기도 고양시 덕양구 행주산성로 5-10(행주내동)
전화 031)973-5191 ǀ **팩스** 031)973-5020
홈페이지 http://smbooks.com

ISBN　979-11-86172-14-8 (03300)

값 14,000원

SNS 시대, 관계의 정석

'㉠홍길동'에 대한 연구

김 광주 | 지음

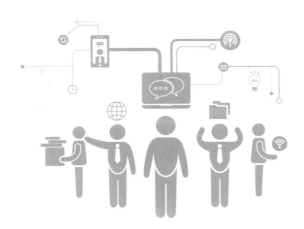

상상나무

contents

Prologue 흔해 빠진 친구, 멀어지는 관계 • 9

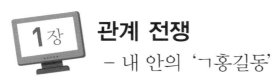

관계 전쟁
– 내 안의 'ㄱ홍길동'

전쟁1. 혹시 당신도 'ㄱ홍길동' 님이십니까? • 25

전쟁2. "좋은 것이 좋은 것이야" • 35

전쟁3. "당신을 잘 모르지만 당신을 원해" • 42

전쟁4. "내 안에 너 있다" – 'ㄱ홍길동'의 추억 • 49

전쟁5. SNS를 점령한 1% • 56

전쟁6. 쉽게 만드는 관계, 쉽게 받는 상처 • 62

전쟁7. 배설의 자유와 표현의 자유 • 70

전쟁8. 나는 지금 괜찮지 않다 • 74

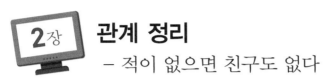

2장 **관계 정리**
  — 적이 없으면 친구도 없다

정리1. 1%의 탄생, 경쟁의 시작 • 89

정리2. 불신의 늪 – 'ㄱ'을 감추며 사는 이유 • 103

정리3. 가능하면 좋은 말만? 좋은 것이 다 좋진 않다 • 114

정리4. 내 통장을 갉아먹는 우리 안의 'ㄱ홍길동' • 127

정리5. 집단화의 유혹, 개인의 위기 • 131

정리6. 막말로 뜨면 막말로 망한다 • 139

정리7. "수익모델은 뭔가요?" • 146

정리8. 지식인의 사회적 책임 (Intellectual oblige) • 158

정리9. 관계의 힘, 우리는 모두 잠재적 프리랜서 • 169

정리10. 적이 없으면 친구도 없다 • 178

contents

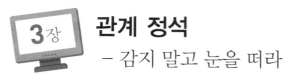

3장 관계 정석
– 감지 말고 눈을 떠라

정석1. 관계의 목적을 분명히 하라 • 189

정석2. 관계 행복, 플랫폼을 바꾸자 • 193

정석3. 자유는 쟁취하는 것이다 • 199

정석4. 평등할 수 없다면 관계도 없다 • 204

정석5. 신뢰는 저절로 유지되지 않는다 • 209

정석6. 그래도 본질이다 • 214

정석7. 참기름을 만든 것은 깻묵이었다 • 223

정석8. 때로는 포장도 필요하다 • 230

정석9. 이겨라 청춘, 꼰대는 살아있다 • 238

정석10. 명함을 버리고 심장을 주어라 • 249

정석11. 가장 멀리 보이는 불빛이 내 것이다 • 256

정석12. 감지 마라, 눈을 떠라 • 265

Epilogue 함께 나누는 편지

- '2030' 님에게 _ 젊은 당신의 자존심 • 274
- '4060' 님에게 _ 대단한 일을 넘어서 위대한 일로 • 285
- 'ㄱ홍길동' 님에게 _ 여덟 색깔 크레용 • 289

Prologue

.
.
.

흔해 빠진 친구, 멀어지는 관계

흔해 빠진 친구, 멀어지는 관계

페이스북, 트위터, 카카오톡, 밴드, 유튜브, 인스타
그램 등의 SNS(Social Network Service)가 마치 일상의 공기처럼
익숙해져 있는 지금, '공유'라는 단어를 낯설어하는 사람은 없다. 공
유를 전제로 만들어진 SNS는 오늘도 여전히 공유를 통해 성장하고
있기 때문이다.

그런데 오늘 하루, SNS에 올려진 글들을 읽고 이미지를 보며 댓
글을 달고 '좋아요', '멋져요', '슬퍼요'와 같은 이모티콘을 톡톡거리
며 때로는 당신의 생각과 일상의 사진을 올린 다음 SNS 친구들의
반응을 체크하는데 보내는 시간과 열정, 은근한 기대와 희망에 걸맞
을 정도로 당신의 삶과 일상에서, SNS 친구들과의 관계에서 정말

제대로 된 공유가 이뤄지고 있는가? 그로 인해 오늘 당신의 행복이 어제보다, 한 달 전보다, 일 년 전보다 분명 더 커지고 나아졌는가? 반대로 더 낯설게 느껴지진 않는가? 그래서 SNS로 인해 오히려 행복에 대한 당신의 갈증이 더 심해지고 있지는 않은가?

사실 SNS는 단지 수단이었을 뿐, 그것이 본래의 '공유'를 만들어 낸 것은 아니었다. 말하자면 공유는 애초부터 SNS와는 관계없이 서로 다른 세 가지 단어만으로 가능하다.

그 하나는 '자존'이다. 즉, 다른 사람에게 내어놓을 수 있는 '내 것'이 있어야 하고 그것은 온전히 나의 '자존'에서 출발한다. 또 다른 하나는 '인정'이다. 다른 사람이 내어놓을 것에 대한 기대가 있어야 한다. 그것이 곧, 상대방에 대한 '인정'이다. 그리고 마지막 하나는 '신뢰'다. 자기 것을 기꺼이 내어놓는 것, 그것은 신뢰에서 출발한다.

그러나 흔히들 1등을 위한 경쟁, 1%의 사회는 나머지 99명의 가치를 인정하지 않는다. 오히려 그들을 위한 들러리나 액세서리, 혹은 병풍으로서의 역할만 요구받아왔다. 그러니 수없는 열등감에 시달려온 99명에게 제대로 된 자존이 자라나기 힘들었고 심지어 그 1등의 자존마저도 상대에 대한 우월이 만들어낸 천박함이 함께 똬리를 틀고 있다. 가끔씩 우리를 불편케 하는 소위 '갑질 현상' 역시 이 같은 사회가 만들어낸 1등의 민낯이다. 신뢰 역시 마찬가지다. 어떻게든 1등이 되어야 했던 세상에서 관행이 되다시피 한 불공정은 서로가 서로를 믿지 못하게 만들었다.

물론 가장 큰 영향을 미쳤던 것은 단연 '교육'이다. 교육은 사회와 문화의 자양분이며 그 영향은 아버지와 아들, 그리고 손자에 이르기까지 최소 3대, 100년을 간다. 그래서 교육을 백년지대계(百年之大計)라 하며 그만큼 힘이 세다. 그러나 1968년에 만들어져 1994년에 폐기될 때까지 무려 30년 가까이 우리나라 교육의 정신과 방향을 지배해 온 국민교육헌장에 '평등'이란 단어가 빠져있었다는 사실을 아는 사람은 그리 흔치않다. 그러나 민주사회의 기본정신인 평등이 진정한 자존과 다른 사람에 대한 인정의 바탕이 된다는 것을 부인할 사람은 없을 것이다. 따라서 국민교육헌장의 영향을 받으며 성장한 지금의 장년세대들은 결코 평등하지 않기 위해 몸부림치며 살아왔던 사람들이다. 그것이 그들의 성공스토리, 무용담이며 '일해라 절해라'(이래라 저래라의 중의적 표현)로 청년들에게 가르치려드는 주된 가치다. 그러나 청년들은 그들을 대놓고 '꼰대'라 부른다.

반면, 공유와 협업으로 표현되는 SNS 시대는 타고난 혹은 후천적인 소질들이 자율적으로 계발되고 공정한 기준으로 평가되어 평등하게 인정받는 것을 전제로 한다. 청년들이 공정, 평등, 자율에 목말라 있는 이유다. 그러니 세대 간 충돌은 당연하다. 장년세대들이 자신들이 받아왔던 교육으로 지금의 SNS 사회를 해석하고 적용하는 반면, 청년들은 오히려 공유에 기댄 SNS를 통해 지금의 사회를 해석하고 적용하고 있다. 당연히 부모와 자녀와의 대화가 단절되고 청년과 장년이 다툰다.

예를 들어 장년들은 청년들이 너무 편하고 좋은 것만 찾는다면서 작은 중소기업에라도 들어가 고생하다보면 점차 기회가 생긴다고 말한다. 그러나 자녀들을 키운 부모들의 한결같은 바람은 '내 새끼, 고생하지 않고 잘 사는 것'이었다. 그런데 이제 와서 고생을 마다하는 청년들을 탓한다면 그건 정말 모순이다. 잘 살지 못하니까 고생해야 한다고 말하는 것도 어째 썩 와 닿지 않는다. 그 이유는 이렇다.

부모들은 자녀들에게 좋은 사회를 물려주지 못했다. 물론 개인적으로는 좋은 교육, 좋은 음식, 좋은 것들로 편하게 키웠지만 그런 자녀들이 살아가야 할 세상은 그렇게 만들지 못했다. 그건 정말 치명적인 책임이다. 부모들이 더 좋은 교육을 통해 그들의 자녀가 성장하길 바라는 것만큼 그런 자녀들이 함께 어울리는 사회 역시 그만큼의 가치적인 성장이 있어야 했다. 그것에 실패한 것은 오롯이 부모, 즉 어른들의 잘못이다.

계층이동 사다리가 끊어졌다는 말은 현재의 실패를 잘 나타내는 상징적 표현이다. 비정규직 근로자의 정규직 전환이나 중소기업 직원의 대기업 이직을 포함, 저소득계층이 돈을 벌 수 있는 기회가 줄어들거나 사라지고 로스쿨이나 전문대학원 제도 등 제대로 배우지 못한 사람들이 뒤늦게라도 사회중심에 진입할 수 있는 기회가 크게 줄어든 사회에서 중소기업에라도 들어가 열심히 일하다보면 더 좋은 기회가 있을 거라는 어른들의 이야기가 멀게만 느껴지는 이유다.

이런 현실에서 어떤 선택을 하느냐는 온전히 청년들의 문제다. 시대가 이미 다르고 이렇게 달라진 시대를 만들어 놓은 것은 어른들인데, 그들이 살아왔던 과거의 가치기준을 지금을 살아가는 청년들에게 강요하지 말아야 한다. 또한 부모들이 앞 다퉈 값비싼 교육을 시켰다고 자랑하는 그 교육이 정말 좋은 교육이었다면 청년들이 자신의 삶을 위해 가장 나은 선택을 할 수 있다는 믿음을 내려놓지 말아야 한다. 그런데 아직도 걱정이라면, 못마땅하다면, 그것 역시 부모가 좋은 교육이라며 내밀었던 것들이 틀렸다는 반증인 셈이다.

사태가 이 지경에 이르렀는데도 정작 정부는 정치적 사안에 따라 꽃놀이를 즐긴다. 일자리 타령하는 청년들에게는 국민교육헌장 정신을 빌려 배부르다 질책하고, 당장의 궁핍에 시달리는 장년들에게는 공유정신을 앞세워 '세대 간 도적질'로 몰아세우면서 청년이든 장년이든 정부를 불신하지 않을 수 없게 만들었다.

이렇듯 진정한 공유의 기반과 준비가 부족하고 세대 간 대립과 갈등이 팽배한 사회에 언젠가부터 몰아닥친 SNS 열풍은 사실 공유의 확산이라기보다 가장된 공유 혹은 공유의 포장이었으며, 그로 인한 착시현상들이 많은 사람들을 현기증에 시달리게 한다.

그렇다고 내가 무슨 정치이야기나 사회이야기를 하려는 것은 아니다. 그럴만한 위인이 되지 않는다는 것도 잘 안다. 하물며 무슨 욕설 금지나 SNS 중독과 같이 한낱 표피적이고 낯간지러운 이야기를 하려는 것도 아니다. 그것은 취재에 게으른 기자가 자신에게 할당된 지면을 억지로 채워야 할 때 요긴하게 쓰일 뿐, 본질은 아니다. 오히려 이 책은 다음 세 가지 질문에 대한 이야기이다.

첫째, 당신은 지금 SNS 친구를 비롯해 당신이 원하는 사람들과 진정한 관계를 만들고 있는가?

둘째, 그와의 관계를 통해 진정한 공유, 새로운 시너지를 만들고 있는가?

셋째, 그렇게 만들어진 새로운 시너지가 다른 사람들에게도 유익한 가치를 확대시키고 있는가?

그럼에도 불구하고 이렇게 이 책의 머리말을 시작한 것은 우리 모두가 원하는 진정한 관계를 도대체 무엇이 가로막고 있는지에 대한 원인은 짚어봐야 하기 때문이다. 요컨대, 지금 우리는 장년은 물론 청년들조차 불공정, 불평등, 억압된 자율로 대표되는 국민교육헌장의 영향권에서 살아가고 있다. 설마? 하고 생각한다면, 지금도 각 학교에서 학생들을 대상으로 진행되는 자리채우기식 강제동원이나 교육 혹은 연구수업과 같은 전시교육을 떠올려보자. 또한 학교를 다녔던 이유가 정말 배우기 위해서였는지 아니면 다른 친구들보다 더 나은 등수를 받기 위해서였는지도 생각해 보자. 그러니 만약 당신이 위 세 가지 질문에 자신 있게 '그렇다'고 대답하지 못한다면, 그건 잘못된 SNS 습관 따위와 같은 하나마나한 이유가 아니라 여태껏 받아왔던 우리의 그 대단한 교육 때문일 수 있다. 즉, 장년은 물론 청년에게서도 꼰대의 모습을 발견하는 일이 그다지 어렵지 않다는 말이다.

　아무리 저항하더라도 의식주에 필요한 경제적 통제권을 쥔 부모세대의 의식에서 벗어나기란 쉽지 않다. 더구나 우리는 최소한 중학생이 될 때까진 거의 무방비상태에서 세뇌에 가까울 만큼 무의식적인 학습을 받았다. 그러니 마치 두 개의 얼굴을 가진 야누스처럼 청년의 의식 가운데 절반쯤은 그들이 살아보지도 않았던 과거, 한 번도 본 적 없었던 국민교육헌장에 붙들려 있다고 해서 잘못된 것은 아니다. 그게 바로 백년지대계라는 교육의 실체이기 때문이다. 다만 문제는 그런 사실을 아는 것이다. 그때부터 당신이 원하는 사람들과의 관계는 달라질 수 있다.

　물론 관계는 대단히 중요하다. 이미 일상화된 SNS로 인해 개별화의 가치가 더욱 도드라지면서 마치 4월의 벌판처럼 자율이 만개했다. 그러나 각자의 자율만으로 이미 크게 어긋나버린 평등을 되살리기엔 우린 지금 너무 멀리 와 있다. 나의 자율이 다른 이의 자율과 만나 서로의 힘을 키우는 에너지, 그것이 곧 관계다. 제대로 된 관계가 첫째는 당신에게, 두 번째는 당신의 친구에게, 그리고 마지막으로는 우리에게 중요한 이유다. 특히 과거와 같은 일방적인 권력을 무력화시키기에 더할 수 없이 좋은 도구인 스마트폰이 내 손 안에

들려 있다. 그렇다면 이제 SNS 시대, 제대로 된 관계의 정석만 꿰차면 될 일이다.

 내 손 안에 들어있는 친구는 수 천 명인데 오히려 외롭다는 사람이 더 많아진 세상, 관계가 이처럼 헛바퀴 도는 원인으로 나는 먼저 장년층을 지목한다. 20, 30대 역시 그들의 무의식 속에 자리 잡은 관계왜곡의 뿌리를 잘라내지 않고서는 관계의 진정성은 물론 관계를 통한 행복을 공유하기 힘들다.

 그렇다고 내가 40, 50대들을 싸잡아 비난하려는 것은 아니다. 그건 정말 누워서 침 뱉기이다. 물론 책임을 따지려면 50대가 가장 크고 그 다음이 40대일 것이다. 왜냐하면 그들은 적어도 '밥 먹고 사는' 절대생존의 문제에서 해방된 첫 세대였으며, 대학졸업정원제로 인한 캠퍼스 르네상스의 주역임과 동시에 자유를 맘껏 흡입했던 민주화세대였기 때문이다.

 그러나 40, 50대들은 가난하고 못 배웠던 그 부모세대의 한 서린 기대를 차마 뿌리치지 못했고 급하게 성장했던 한국경제가 수직낙하하며 떨어뜨린 1998년의 IMF와 2008년의 금융위기를 맨 몸으로 맞이했으며 그들의 초중고를 지배했던 국민교육헌장이 무의식의 일부에 도사리고 있었을 것을 생각하면 지금 이 시대가 원하는 행동을 몰라서가 아니라 알고서도 못했던 것일 수 있다. 그러니 꼰대는 무죄다.

아쉽게도 청장년 간 협력을 위한 정부와 공적단위 프로그램은 거의 전무하다. 오히려 정치적 편 가르기에 이용하는 듯한 의심이 생길 정도다. 그러는 사이 청년실업률은 매달 사상 최고치를 갱신하고 20년 후의 세상이 어찌될 지도 모르면서 영유아를 비롯한 사교육비에 매년 20조 원이 허비되는 사이 학교를 포기하고 교실이 붕괴되는 현상은 더욱 가중되고 있다.

이미 꼴찌수준인 행복지수, 그 가운데서도 경제인구의 핵심인 40대 행복지수는 바닥으로 추락했고, 특히 다른 나라들의 행복지수가 대체로 40대에 가장 낮고 그 이후부턴 상승하는 'U자형'인 반면 우리의 그것은 나이가 들수록 우하향으로 떨어지는 심각한 지경이다. 이에 대해 서울연구원의 변미리 선임연구위원은 "경제적 불안과 함께, 어떻게 관계를 맺고 어떤 생활을 해야 하는지에 대한 답이 없기 때문"이라고 설명한다. 이런 형편에서 각종 SNS에 욕설이 난무하는 것만을 나무랄 일은 아니다. 우리의 오늘이 그만큼 한가롭지 않다.

그래서 나는 이 책을 통해 우리 사회 모두가 다음의 질문에 대해 함께 생각해 보면 좋겠다.

첫째, 급격한 고령화로 사회적 쓰나미가 몰려오고 있는데 지금처럼 세대 간 관계갈등이 해결되지 않은 채 위기해소가 가능한가?

둘째, 장년층에게 축적된 개인적 가치들을 사회 공동의 자산으로 만들 방법은 없을까?

셋째, 지금과 같은 세대 간 대립과 갈등을 세대 간 연합으로 뒤바꿀 방법은 없을까?

그동안 나는 이 이야기의 실마리를 찾아왔다. 그러던 어느 날 카카오톡 친구리스트에서 자신의 이름 앞에 'ㄱ'을 붙인 사람을 발견했다. 처음에 나는 그의 작은 실수로 생각했지만 그가 초대한 단체 카톡방에서 또 다른 'ㄱ'님들을 발견하면서 그것이 다분히 의도된 편집이었음을 알게 되었다. 내가 'ㄱ홍길동'님이라 부르는 그들은 SNS 시대의 친구 맺기와 관계에 관한 의문을 해소하는 관문 역할을 했다. 지금부터 나의 'ㄱ홍길동'님을 독자들에게 소개한다.

서정주 시인의 시, 〈국화 옆에서〉에 나오는 '이제는 돌아와 거울 앞에선 내 누이'처럼 이제는 우리가 세상의 거울에 어떻게 비춰지고 있는지를 봐야 할 때다. 많이 부족할 이 책이 나도 모르게 우리들의 일그러진 영웅을 닮아왔던 50대와 40대가 시대와 청년이 원하는 진정한 영웅에 대해 다시 한 번 생각하게 하고, 또한 나도 모르게 그런 영웅들을 닮아가고 있을지도 모를 20, 30대들 역시 시대의 외침에 귀 기울이며 시대가 원하는 행동으로 진정한 관계를 만들어 가는데 조그마한 힘이 되었으면 좋겠다. 함께 마주한 거울 안에서 서로의 환한 얼굴을 보았으면 좋겠다.

2015.8
미꾼 김 광 주

관계 전쟁

1장

S·N·S

내 안의 'ㄱ홍길동'

전쟁 1

"혹시 당신도 'ㄱ홍길동' 님이십니까?"

 이름 앞에 ㄱ을 넣은 이들, "누구냐 넌?"

몇 해 전, 우연한 모임에서 명함을 주고받은 사람이 내 카카오톡 친구 추천에 떴다. 그런데 분명 이름은 그 사람인데, 앞에 'ㄱ'이 붙어 있었다.

'어? 이름 앞에 웬 'ㄱ'?'

순간 이상했지만 오래 생각하진 않았다. 실수로 이름 앞에 'ㄱ'이 잘못 입력되었구나, 잘못 입력된 이름은 수정할 수 없구나, 그렇게 생각하며 지나쳤다. 나중에 그는 내게 카카오스토리 친구신청도 했다. 물론 이름 앞엔 여전히 'ㄱ'이 붙어 있었지만, 그때도 역시 마찬가지였다. 카카오톡에 잘못 입력되면 카카오스토리에도 똑같이 뜨는 모양이겠거니 했다.

그렇게 그의 이름 앞에 붙어있던 'ㄱ'은 그 이후로도 내게 전혀 의미가 없었다.

그러던 어느 날, 누군가 나를 여러 명이 모인 카카오톡 단체톡 방에 끌어들였다. 가끔 내 뜻과는 상관없이 타인에 의해 카톡방에 끌려 들어갈 때의 기분은 그다지 유쾌하지 않지만 그래도 초대한 사람의 마음을 생각해서 본능적인 '눈팅'으로 분위기를 살피게 된다.

그러던 중 이상한 이름들이 눈에 띄었다. 자신의 이름 앞에 'ㄱ'이 붙어 있는 사람들이 하나, 둘 보이는 게 아닌가? 처음엔 내 눈을 의심하면서도 '그런 실수를 하는 사람들이 더러 있구나…'라고 생각했다. 그런데 그렇게만 생각하기엔 뭔가 이상하다는 느낌이 들면서 무심코 회원 창을 눌러본 나는 깜짝 놀랐다. 맨 위에서부터 자신의 이름 앞에 'ㄱ'을 붙인 사람들이 나오는데 세어보니 23명이나 되었다. 그때 기준으로 그 단체톡 방에 가입된 인원이 127명이었으니 무려 20% 가까운 사람들이 그런 희한한 이름을 가지고 있었다.

'아, 이건 어떤 실수나 우연이 아닌 거구나.' 그런 생각과 함께 당연히 궁금증이 일었다. 그들은 왜 자신의 이름 앞에 'ㄱ'을 붙였을까? 그러나 그 이유를 알기까지는 그다지 오랜 시간이 필요하지 않았다.

이름 앞의 'ㄱ', 타고난 성씨로 줄서기를 극복하기 위한 노력

카카오톡은 친구 리스트를 '가나다' 순서로 나열하기 때문에 자신의 이름 앞에 'ㄱ'을 붙여두면 노출이 빠르다. 예를 들어 가장 아랫부분에 있어야 할 '황' 씨의 경우 그 앞에 'ㄱ'을 붙이는 순간 곧바로 상위순서로 올라간다.

물론 카카오톡은 자신의 스마트폰에 저장된 다른 사람의 이름을 자신이 다시 수정하여 저장할 수 있는 기능도 있어서 주로 가족들이나 채팅을 자주 하는 친구들을 친구 리스트에서 빨리 찾기 위해 그 사람의 이름 앞에 'ㄱ'을 붙여 놓을 수가 있다. 즉, 다른 사람이 자기의 편리를 위해 그의 카카오톡에 저장된 내 이름 앞에 'ㄱ'을 붙여두는 것인데 그런 사실을 나는 알 수 없고 또 굳이 알아야 할 필요도 없다.

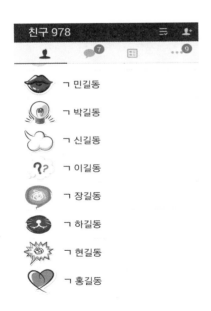

어쨌든 나는 그때부터 자신의 이름 앞에 'ㄱ'을 붙여놓은 사람들에게 호기심을 가지게 됐다. 자신의 편의를 위해 타인의 이름 앞

에 ㄱ을 붙인 사람이 아닌, 스스로 자신의 이름 앞에 'ㄱ'을 붙인 사람들에게. 그런 그들을 나는 'ㄱ홍길동' 님이라고 부른다.

솔직히 'ㄱ홍길동' 님에 대한 내 호기심의 절반쯤은 비호감이었다. 다른 사람이 가진 스마트폰에 저장된 카카오친구 리스트에서 상위 순서를 차지하기 위해 자신의 이름 앞에 스스로 'ㄱ'을 붙여놓았다는 사실이 어이없기도 하고 또 한편 허탈하기도 했다. 왜냐하면, 그렇게 해서라도 다른 사람보다 먼저 노출되고 싶어 하는 생각이 유치하게 느껴졌고 또 모두가 자기 이름 앞에 'ㄱ'을 붙여버리면 그런 표식 자체가 아무짝에도 쓸모없을 것이라는 생각 때문이었다. 실제로 'ㄱ홍길동' 님끼리는 'ㄱ' 자체가 노출순위를 정하는데 아무런 의미가 없다. 모두가 'ㄱ'을 붙이고 있으니 노출되는 순서는 'ㄱ' 다음에 나오는 원래 이름의 '가나다' 순서로 노출된다.

'ㄱ홍길동' 님은 이렇게 생각할 수도 있다.

"내 이름 앞에 붙여진 성씨는 내 뜻이 아니라 순전히 조상 탓이다. 나로서는 그야말로 복불복인데, 그게 평생을 간다. 그건 너무 불공평하지 않은가? 내가 조상을 선택할 수는 없지만, 그런 불공평을 스스로 극복하려는 노력을 나쁘다고 할 수는 없지 않은가?"

딴엔 일리가 있다. 이름은 정말 복불복이다. 그러나 이름이 앞에 노출된다고 해서 반드시 좋은 점만 있는 것은 아니다. 한 예로 강씨

성을 가졌다는 이유로 출석부 맨 앞에 있었던 친구 A가 1교시 첫 강의시간에 쫓겨 교실 문을 급하게 밀고 들어갔던 그 날, 깐깐하기로 소문이 자자했던 교수는 출석부를 꺼내 들고 A의 이름을 불렀지만 대답이 없자 조금의 망설임도 없이 A의 이름 옆에 검은 볼펜으로 대각선을 그었다. 그러나 황씨 성을 가졌던 친구 B는 분명 A보다 늦었으면서도 단지 자기 이름이 늦게 불렸기 때문에 대답할 수 있었고 그래서 출석 체크가 됐다.

그같은 일은 대학 4년 내내 자주 일어났다. 물론 A가 좀 더 부지런해서 지각하지 않았다면 그런 억울한 일도 없었겠지만, 지금 생각하면 밤늦게까지 아르바이트를 하고 다음 날 아침 일찍 시작되는 첫 수업에 단 한 번도 빠지지 않은 것만 해도 A가 자신을 스스로 대견하게 여겼으니 가끔 지각한 후 수업이 끝날 때를 기다려 엉거주춤 교수에게 다가가 자신의 이름 옆에 그어진 대각선을 삼각형으로 바꾸는 것쯤은 충분히 괜찮을 수 있었다. 단지 황씨 성을 가졌던 친구 B만 아니었다면.

성씨 때문에 억울했던 일은 스무 살이 지나 훈련소에서도 일어났다. 친구 A는 강씨 성을 가졌다는 이유로 훈련소 불침번을 먼저 서야 했고, 그렇게 몇 바퀴를 돌아 훈련을 마치던 날 황씨 성을 가진 친구 B는 A보다 하루 적게 불침번을 섰다. 물론 그건 정말 대수로운 일이 아니었다. 세상이 항상 공평할 수만은 없지 않은가? 꼭 이름 때문만이 아니라 살아가다 보면 나 자신과 아무 상관 없이, 어느 날은 일이 술술 잘 풀릴 때가 있고 또 어느 날은 하는 일마다 막힐 때도 있으니까.

그런데 간혹 어떤 사람들은 항상 좋은 것만 고집하기도 한다. 언제 어디서든 내가 좋은 자리를 차지해야 한다는 고집 말이다. 특히 누구든 상관없이 서로 간의 평등한 소통이 이루어지리라 기대하는 소셜 네트워크 공간에서 'ㄱ홍길동' 님을 보는 순간, 마치 똑같이 줄지어 선 출발선에서 슬그머니 한 발짝 먼저 내밀고 있는 어긋난 승리욕과 집착이 느껴지면서 참다운 소통을 위해 당연한 전제로 생각되었던 공유와 협력보다 경쟁과 순위를 우선시하는 사람 같아 보여 마음이 허탈했다. 적어도 나에게는.

 부러움과 시샘을 넘나드는 'ㄱ홍길동'의 매력

연구는 그래서 시작되었다. 정말 'ㄱ홍길동' 님은 공유와 협력의 마음을 가지지 않은 사람들일까? 단지 자신의 이름 앞에 'ㄱ'을 붙여놓았다는 것으로 내가 그들을 그렇게 단정할 수 있을까? 누구나 자신을 알리기 위해 노력할 수 있고, 또 누구나 자신의 이름 앞에 'ㄱ'이든 'ㄴ'이든 'A'든 'B'든 붙일 수 있는 것인데, 또한 그것이 무슨 대단한 일도 아니고 법을 어긴 것도 아닌데, 더구나 정작 'ㄱ홍길동' 님은 아무런 생각이 없는 듯한데, 내가 너무 예민한 것이 아닐까? 이런 의문들이 고구마 줄기처럼 다닥다닥 이어졌다.

사실 'ㄱ홍길동' 님은 희소성이라는 측면에서도 분명 연구할 만하다. 만약 독자들이 지금 당장 자신의 카카오톡 친구 리스트를 열어 보면 단 한 명의 'ㄱ홍길동' 님 조차 발견하지 못할 수도 있으며, 자신이 가입한 단체 카카오톡 방에서도 'ㄱ홍길동' 님이 한 명도 없는 경우도 있다. 이 글을 쓰는 나에게도 처음엔 딱 한 사람의 'ㄱ홍길동' 님밖에 없었지만, 가능한 한 연구의 평균성을 높이려고 의도적으로 'ㄱ홍길동' 님과의 친분을 늘렸다.

자신의 카카오톡 친구 리스트나 자신이 포함된 단체 카카오톡 방에서 'ㄱ홍길동' 님이 있는가 없는가, 만약 있다면 어느 정도일까 하는 것은 기본적으로 자신의 성향과 관계되어 있다. 사람들은 대체로 자신과 엇비슷한 성향을 가진 사람들과 관계하기를 원하고, 지향점이 비슷한 사람들과 함께 어울리기를 좋아하기 때문이다.

'ㄱ홍길동' 님에 대한 연구를 꼭 카카오톡에만 국한하여 진행하지는 않았다. 비록 'ㄱ홍길동' 님을 처음 발견하게 된 것은 카카오톡이었지만, 그를 알게 되면서부터는 카카오톡뿐만 아니라 자연스럽게 페이스북, 트위터, 인스타그램 그리고 블로그, 카페, 홈페이지 등 다양한 소셜 네트워크 공간에서 그의 모습을 보게 되었다. 알다시피 거의 모든 SNS는 이런저런 링크를 타고 서로 쉽게 연결되기 때문에 한 공간에서 알게 되면 다른 SNS 공간에서도 자주 만날 수 있다.

특이한 것은 'ㄱ홍길동'님이 카카오톡 기반 SNS가 아닌 다른 SNS 공간에서는 자신의 이름 앞에 'ㄱ'을 붙여놓지 않는다는 사실이다.

그 이유는 물론 간단하다. 다른 SNS 공간에서 친구 리스트가 나열되는 순서는 가나다라 기준이 아니므로 그가 굳이 그렇게 애써야 할 필요가 없다.

내가 이 연구란 것을 위해 무슨 거창한 연구소 간판을 내걸거나 연구를 위한 절대 시간을 확보하고 몰입했던 것은 아니다. 그저 카카오톡이나 카카오스토리를 열 때마다 노출되는 수많은 'ㄱ홍길동'님들이 눈에 띄었고 그것을 시작으로 그의 다른 SNS 공간을 포함하여 그들이 올리는 글, 특정 주제에 대한 반응, 다른 사람에 대한 태도 등을 자연스럽게 분석하는 나 자신을 발견하였으며, 그것들을 나름 '연구'라 지칭한 것이다.

어렸을 때 집에서 운영하던 시장 안 잡화점을 가끔 지키고 있을 때가 있었는데, 대체로 시장통이 한가하여 어른들이 잠시 쉬는 동안 대타로 투입되었던 내가 하는 일이라곤 맥없이 앉아 그저 가게를 지키는 파수꾼 노릇이었다. 무료하게 앉아있다 보면 드문드문 가게 앞을 지나는 사람들이 시야에 들어오고, 그 사람이 내 눈에서 완전히 빠져나갈 때까지 그를 가만히 지켜보는 일이 되풀이되면서 제법 재미마저 느끼게 됐다.

'ㄱ홍길동' 님에 대한 내 나름의 연구도 그런 식이었다.

하루를 지내는 동안 가끔 맞닥뜨리는 어정쩡한 시간을 죽이려 스마트폰을 열고 몇 번 톡톡 거리다 보면 쉽게 'ㄱ' 님을 만날 수 있었고, 그때마다 무료한 파수꾼의 재미가 발동하여 나도 모르게 관찰에 몰입했던 순간들이 쌓이다 보니 그에 대한 연구가 그다지 어렵지 않았다.

그렇게 연구 아닌 연구가 진행되고 있던 어느 날, 문득 'ㄱ홍길동' 님에 대한 다른 사람들의 생각이 궁금해졌다. 인터넷 검색창에 'ㄱ홍길동'을 쳐보니 나와 마찬가지로 그들에 대한 부정적인 생각을 하는 사람들이 많은 것으로 나타났다. 그 순간 기분이 참 묘했다. 왜냐하면, 그런 그들을 비꼬는 듯한 사람들에게서 어딘지 모르게 어떤 시샘 같은 것이 느껴졌기 때문이었다. 정작 자신의 이름 앞에 'ㄱ'을 붙여놓은 'ㄱ홍길동' 님들은 정말 아무 생각이 없는데도 말이다.

'뭐야? 이건…'

사람이 사람을 비난하는 심리 가운데 하나는 비난하는 대상자를 부러워할 때이다. 소위 '못 먹는 감 찔러보기라도 한다'거나 '사촌이 땅을 사면 배가 아프다'는 속담처럼 어떤 경우의 비난은 상대방에 대해 부러움을 숨긴 시샘인 경우가 많다. 그런데 자기 이름 그대로 사는 사람이 이름 앞에 'ㄱ'을 붙여놓고 사는 사람을 시샘할 이유가 어디에 있을까? 그건 정말 기대하지 않았지만, 왠지 모를 찝찝함과 더불어 전혀 새로운 차원의 의문이었다.

'ㄱ홍길동' 님, 나는 점점 그에게 빠졌다.

전쟁 2

"좋은 것이 좋은 것이야"

 인천상륙작전과 뻥축구, 'ㄱ홍길동'님의 상관관계

'ㄱ홍길동'님을 생각하면 한국전쟁의 흐름을 바꾸어놓은 '인천상
륙작전'의 이미지가 떠오른다. 그때 미국을 주축으로 한 연합군의
전력이 북한보다 열세였다고 말할 순 없었지만 적어도 지상군에 있
어서만큼은 낙동강과 지리산을 중심으로 버티는 북한군의 저항이
여전한 위세를 떨치고 있었다. 이때 단행된 인천상륙작전은 상대방
의 허를 찔러 전쟁의 흐름을 바꿔 놓은 전격적인 작전이었다.

한 가지 더 예를 들자면, 축구경기에서의 작전 가운데 '뻥축구'라
는 것이 있다. 나보다 기술과 체력이 좋은 상대방을 일일이 제쳐가

며 전진하기가 만만치 않다면 일단 공부터 쏘아 올린 다음 낙하지점
을 쫓아 기를 쓰고 달려가는 것이다. 축구공을 차 올린 선수는 하나
였지만 그 공을 쳐다보며 뛰어가는 선수는 훨씬 많아서 희망에 대한
실현 가능성을 높이고 골인에 대한 기대심리가 더해져 선수는 물론
관중의 마음을 모두 동하게 만들 수 있다.

　인천상륙작전이나 뻥축구 모두 상대방의 예상을 거스르고 그때까
지의 흐름을 일시에 바꿨다는 점에서 성씨로 인한 줄 세우기를 거스
른 'ㄱ홍길동' 님과 일맥상통한다. 물론 두 가지 모두 전쟁을 승리로
이끈 '몸통'은 아니다. 한국전쟁의 경우 전쟁을 승리로 이끈 주력부
대는 육로를 통해 올라왔던 육군이었고, 뻥축구 역시 공을 높이 차
올려 경기 흐름을 바꾸었다고 해도 실제로 승리로 이어지는 건 아니
다. 마찬가지로 'ㄱ홍길동' 님 역시 아무도 상상하지 못했던 작전을
동원해 자신의 이름을 SNS 앞자리에 상륙시켰지만, 정작 그가 정말
원하는 인생전쟁에서의 승리로까지 이어질지는 미지수이다.

　그래서 나는 SNS 친구 리스트 상위에 자신의 이름을 상륙시킨
'ㄱ홍길동' 님의 인생전쟁이 그가 원하는 결말대로 마무리될 수 있을
지 참 궁금했다. 그에 대한 연구가 흥미로웠던 이유는 그 때문이었
다.

적극적 성향의 'ㄱ홍길동'님

내가 관찰한 'ㄱ홍길동' 님은 적극적인 사람이다. 어떤 일이든, 어디에서든 다른 사람보다 단 1cm라도 앞서고 싶은 마음에서 이름 앞에 스스로 'ㄱ'을 붙였다. 어떻게 생각하면 이건 분명 '새치기'인데 그것과는 사뭇 느낌이 다르다.

새치기는 미리 줄을 서 있는 사람들의 수고가 있으므로 끼어드는 사람에게 불만을 나타내며 끼어들지 말 것을 요구할 수 있다. 자동차가 길게 늘어선 채 정체된 도로에서 끼어들기를 하다가는 다른 운전자들로부터 짜증 섞인 빵빵거림은 물론 자칫 사고까지 일어날 수 있다. 그러나 SNS 친구 리스트에 '가나다' 순으로 정리된 사람들에게는 그것이 '줄'이라는 생각조차 없다. 그것을 '줄'이라 생각하며 새치기의 의도를 가진 사람은 'ㄱ홍길동' 님 혼자뿐이다. 그를 비난하는 사람도 없다. 그러나 결과만 놓고 보면 그는 분명 의도적으로 새치기한 것이 맞다. 만약 그가 자신의 이름 앞에 'ㄱ'을 붙이지 않았다면 다른 사람의 SNS 리스트에 있는 그의 자리는 원래 그의 것이 아니었기 때문이다.

이름 앞에 'ㄱ'을 붙이지 않은 사람들은 다른 사람의 SNS 리스트에 자신의 이름이 몇 번째로 나오는지에 대해 별로 관심이 없다. 그러나 'ㄱ홍길동' 님은 가나다 순으로 정렬되는 다른 사람의 SNS 친구 리스트에서 다른 사람보다 먼저 나오는 것이 중요하다고 생각하는 사람이다. 그러니 'ㄱ홍길동' 님은 당연히 적극적인 성향을 가진 사람이다.

특히 그는 혈연·지연·학연 등의 연고를 중요하게 생각하는 편인데, 아이러니한 것은 그 같은 연고로 맺어진 인맥관계에서는 그들 사이의 '줄'을 매우 중요한 질서로 인정하고 있는 듯했다. 예를 들어 선후배 사이에서의 서열을 매우 중요시했으며, 그런 관계가 아니어도 짧은 시간 안에 '형님, 동생' 하는 끈끈한 관계로 발전시키기도 했다.

즉, 평소의 그는 질서를 존중하며 순응하고 또한 적극적으로 이용하는 사람이다. 그런 그가 유독 다른 사람의 SNS 친구 리스트에서 노출되는 질서만큼은 순순히 인정하지 않는 것을 보면서 나는 그가 질서에 관한 한 다소 이중적인 태도를 가지고 있다는 생각을 하게 되었다. 즉, 바꿀 수 없는 질서에는 순응하되 바꿀 수 있는 질서라면 거부하는.

그가 적극적으로 바꿀 수 있다고 생각하는 질서란, 예를 들어 원래의 순서를 빼앗기는 사람들이 그 사실을 알 수 없는 경우들이다. A의 카카오톡 친구 리스트에 저장된 B와 C가 A의 카카오톡 친구 리스트에 누가 먼저 나오느냐의 문제는 A만 알 수 있다. 왜냐하면, B와 C에게는 A의 카카오톡 친구 리스트를 볼 권한이 없기 때문이다. 그런데 B의 성씨가 강씨였고 C의 성씨가 황씨였다면 원래는 당연히 B가 먼저 나오고 훨씬 나중에 C가 나와야 하는데, C가 자신의 이름 앞에

'ㄱ'을 붙이는 순간 그 순서는 졸지에 뒤바뀌게 된다. 즉, A의 카카오톡 친구 리스트에 C가 먼저 나오고 그 뒤에 B가 나오는 식이다.

그러나 A의 카카오톡 친구 리스트에서 원래의 B, C 순서가 C, B 순서로 뒤바뀐 사실을 B가 알 수는 없다. 물론 C 역시 A의 카카오톡 친구 리스트를 볼 수 있는 권한은 없지만 그래도 C는 그 사실을 당연히 짐작하고 있다. 왜냐하면, C는 이미 그런 결과를 의도하면서 자신의 이름 앞에 'ㄱ'을 붙였기 때문이다.

 편 가르기에 대한 거부감, 단정을 피하는 'ㄱ홍길동'님

앞서 언급한 것처럼 'ㄱ홍길동' 님에게 질서의 종류는 두 가지다. 하나는 자신의 힘으로 바꿀 수 없다고 생각하는 질서이며, 또 다른 하나는 스스로 바꿀 수 있다고 생각하는 질서이다. 스스로 바꿀 수 없는 질서에 대한 그의 태도는 순응이며, 바꿀 수 있는 질서에는 꽤 적극적이다.

당연히 그는 이미 공고하게 뿌리박힌 어떤 사회적 질서에 대한 관심이 많지 않다. 그건 개인이 나선다고 해도 바꿀 수 없는 질서이기 때문이다.

따라서 'ㄱ홍길동' 님의 정치적인 성향은 대체로 보수적일 것으로 예상하지만 그 같은 성향을 잘 드러내진 않는 편이며, 자칫 이편저편으로 갈리기 쉬운 사회적 논쟁에 끼어드는 일도 드물다. 그것은 아마 자신의 이름이 출석부에 첫 번째로 기재된 사람이 가지는 조심성과 비슷하다. 또한, 사람들과의 관계에 적극적인 그의 입장에서 굳이 한 쪽 성향을 도드라지게 드러낼 필요도 없을 것이다.

그러다 보니 어떤 사회적 이슈는 물론 일반적인 의견을 구하는 것들조차 그는 대체로 '단정'하는 일이 드물다. 그런 경향은 그의 언어 습관에서도 엿볼 수 있다. 예컨대, '~같아요.'의 남발이다. 영화에 대한 느낌을 물어보면 "괜찮은 것 같아요.", 식사가 맛있었느냐고 물어보면 "맛있는 것 같아요.", 놀이동산의 하루가 재밌었느냐고 물어보면, "재밌었던 것 같아요."였다. 그래서 나는 심지어 그의 이성 친구에 대해, "이 사람이 당신의 여자(남자)친구입니까?"하고 물어보아도 그는 "예, 저의 여자(남자)친구인 것 같아요."처럼 대답할 것이란 생각마저 들었다.

'ㄱ홍길동' 님의 '같아요' 시리즈 가운데 단연 압권은 "좀 그런 것 같아요."였다. '좀 그렇다'와 '같아요'가 합해지니 어떤 느낌인가? 직접 한번 사용해 보시라. 느낌이 팍, 온다. 만약 아무런 느낌이 없다면 당신 역시 애매함과 모호함이 어우러진 애매모호한 성향에 잔뜩 절어 있다는 경고!

'~같아요.' 습관은 언제든 다른 쪽으로 쉽게 옮겨갈 수 있는 여지를 남겨둔 표현기법이다. 여차해서 사태가 불리함을 느꼈을 땐 언제든 이렇게 바꿀 수 있다.

"아, 그게 아닌 것 같아요."

명백한 입장표명을 꺼리고 편 가름을 즐기지 않는 'ㄱ홍길동' 님. 그가 한마디 툭 던진다.

"인생 뭐 있어? 좋은 것이 좋은 것이야."

"당신을 잘 모르지만, 당신을 원해"

 공유하되 '내 것'은 없는 사람들

'ㄱ홍길동' 님은 공유정신이 비교적 높다. 그러한 점에서 SNS 시대정신을 잘 구현하고 있는 사람이다.

첫째, 좋은 글이나 유머 혹은 재밌는 동영상을 발견하면 자기만 즐기지 않는다. 즉시 페이스북, 트위터, 카카오톡, 카카오스토리는 물론 밴드, 카페 등 그가 사용하는 거의 모든 SNS를 통해 퍼 나른다. 특히 그는 여러 개의 SNS를 사용하고 있지만, 각각의 특징에 따라 달리 사용하지 않는다. 홍보성 내용이나 떠돌아다니는 좋은 이야기들을 SNS에 연결된 친구들과 공유하는 데 최대한 노력할 뿐이다.

설령 새로운 SNS 플랫폼이 등장하더라도 그에겐 친구들을 더 늘릴 수 있는 수단이 하나 더 추가된 것에 불과하다. 그러다 보니 그의 SNS에 올라온 내용은 한결같이 비슷해서 굳이 그의 다른 SNS 계정을 찾아볼 필요는 없다.

둘째, 그 어떤 콘텐츠라도 만든 사람의 지적 재산권, 즉 소유권을 인정하지 않는 편이다. 당연히 인용이나 출처표시가 드물다. 그런 점에서 'ㄱ홍길동' 님은 상대적으로 훨씬 '앞선 생각'을 가진 열린 사람이다. 그래서 친구들은 간혹 그가 그런 글을 직접 썼나 싶어 헷갈리기도 한다.

셋째, 'ㄱ홍길동' 님은 다른 사람들의 콘텐츠는 잘 공유하면서도 정작 자기 것은 없고 자기 주변 이야기도 잘 하지 않는다. 심지어 그의 카카오스토리조차 자신의 일상보다 온갖 종류의 공유와 간접 광고로 도배된 경우가 많다. 그러니 다른 사람들은 그가 도대체 어떤 사람인지 잘 모른다. 자신의 정치적 성향을 잘 드러내지 않으려는 이유와 비슷하다.

넷째, 사진 이미지, 특히 자신이 등장하는 사진뿐만 아니라 셀카로 직접 찍은 사진을 올리는 것에는 적극적이다. 일상은 물론 가끔 간다는 여행지에서 찍은 사진들까지 짜증이 날 정도로 자주 연속해서 올리는데, 많은 사람이 함께 사용하는 곳조차 마치 개인의 SNS 공간처럼 사용하기도 한다.

공유정신과 건망증의 공존

이렇게 공유정신에 뛰어나다 보니 부작용도 많다. 옛날이나 지금이나 말 많은 사람이 탈도 많은 법인데 우리는 지금 SNS가 입이 되어버린 시대에 살고 있다. 일부러 시간과 노력을 들여 SNS 활동을 하는 것이므로 유무형적으로 자신에게 도움이 되어야 하는데 본의 아니게 이미지를 깎아 먹는 사람들이 많아지고 있다. 이들에게 어떤 문제가 있는 것일까?

첫째, 무엇을 공유했는지 자주 잊어버린다. 말 많은 사람들이 정작 자기가 했던 말을 기억하지 못하는 경우와 같다.

둘째, 글을 올리더라도 주목받지 못한다. SNS 종류와 상관없이 거의 같은 내용을 매번 복사하여 공유하므로 그와 친구가 되어 있는 사람들은 같은 내용을 여러 번 받아보게 된다. 즉, 같은 말을 하고 또 하는 셈이니 다른 이들이 올린 내용에 비해 경쟁력이 떨어진다. 나중에는 그가 새로운 글을 올리더라도 사람들이 아예 보지 않는 경우도 많아진다.

셋째, 별생각 없이 많은 것들을 자주 공유하다 보니 그가 올린 내용 때문에 상처받는 사람이 생기게 되고 그조차 원치 않았던 갈등이 조장되기도 한다. 글을 올리고 공유할 때는 이를 보게 될 사람들을 생각해야 한다. 특히 개인의 SNS가 아닐 때는 그 카페나 블로그 등의 성격에 따라서 올릴 수 있는 글이 있고, 올려서는 안 되는 글이 있다. 심지어 내용보다 댓글이 빌미가 되면서 큰 싸움이 벌어지기도 한다. 말을 함부로 했을 때 벌어지는 일이다. 좋은 말을 자주 옮기는 사람은 나쁜 말도 자주 옮긴다. 옮기는 것이 습관이 된 탓이다. 그렇게 스스로 검증하는 데 익숙하지 않다 보니 다른 사람의 글이나 말 역시 검증 없이 퍼 나르고, 직접 보지도 듣지도 않았지만 남의 말만으로 상황이나 사람을 쉽게 단정하기도 한다.

넷째, 좋은 말과 글에 대한 다른 사람들의 감각을 떨어뜨린다. 아무리 좋은 말도 자주 듣게 되면 잔소리가 된다. SNS를 통해 좋은 글과 말들이 쉴 사이 없이 공유되면서 그것들이 주는 영향력은 갈수록 낮아진다. 한쪽 눈이 읽는 동안 다른 쪽 눈은 이미 다른 곳을 쳐다보며, 한쪽 귀가 듣는 동안 다른 쪽 귀는 이미 다른 소리에 꽂혀 있다. 아무리 좋은 반찬이라도 매일 식탁에 오르면 맛이 없어지는 것과 같은 이치다.

다섯째, 공유하는 내용과 자신의 행동은 별 관계가 없다. 말과 행동이 다른 경우다. 그러니 공유하는 내용으로 누군가를 판단하는 것은 매우 위험한 방법이다. 어떤 좋은 말이든 그것을 내 것으로 만들지 못하면 아무 의미가 없다. 명언은 사람을 변화시킬 때 가치가 있지만 그렇지 못할 땐 한낱 쓸데없는 이야기에 불과하다.

변화는 태도와 행동으로 나타난다. 그렇게 내 것으로 만드는 과정을 '숙성'이라 표현하는데, 모든 숙성에는 과정, 즉 시간이 필요하다. 그런데 형식적인 공유를 빈번히 즐기는 사람에겐 숙성에 필요한 시간이 없다. 그저 한 번 고개를 끄덕이는 것으로 끝이다. 그가 공유하는 글과 그의 행동이 다르게 느껴지는 때가 많은 이유다.

물론 사람들은 자기 자신을 잘 모른다. 심지어 전혀 모르는 사람들도 있다. 예컨대 분명히 자기가 낳아 키운 아이에게조차 "도대체 너는 누구를 닮아 이러니?"하는 말을 하는 부모를 볼 때면, 정작 그렇게 문제가 많다는 그 아이보다는 부모의 면면이 궁금하다. 때로는 내 아내도 이런 말을 한다. 그리고 나 역시 그럴 때가 있다.

 1초의 '친구' 맺느라 시간이 없다

존 카니(John Carney) 감독이 만든 인디영화 〈원스Once〉는 음악으로 대사를 연결하는 독특한 방식의 음악영화다. 이 영화에서 남자 주인공 '글랜 핸사드'는 여자 주인공 '마케타 잉글로바'에게 이런 노랫말로 사랑을 전한다.

"I don't know you but I want you." (당신을 잘 모르지만, 당신을 원해)

누구라도 한 번쯤, 찰나의 느낌에 사로잡혀 사랑에 빠졌던 기억을 가지고 있다. 설령 그 결말이 끝내 이루어지지 못한 짝사랑이었더라도 처음 만난 이성에게 사랑을 느끼는 데 필요한 시간은 단 1초면 충분하다. 그렇다면 그런 사랑이 아닌, 일반적인 관계 맺기를 위해 처음 만난 상대방을 판단하는 데 필요한 시간은 얼마일까?

 '첫인상 5초의 법칙'이란 말에 동의한다면 처음 만난 상대방을 X-ray 찍듯 한 번 쓱 스캔하는 데 필요한 시간은 수 초정도면 넉넉하다. 그 시간이면 그(그녀)는 우리들의 기억세포에 어떤 형상으로든 똬리를 튼다. 물론 첫 느낌이 항상 옳았던 것은 아니겠지만, 어쨌든 그(그녀)와의 관계 저울질은 처음의 그 느낌에서부터 시작된다. 그런데 우리가 사용하는 SNS 시스템은 낯선 사람들과 관계를 맺는데 5초는커녕 1초 조차 아깝다. 기계적으로 프러포즈를 받고 습관적으로 수락한다. 그렇게 맺어진 '친구'가 수백, 수천 명이다.

 'ㄱ홍길동' 님은 상대방이 누군지 상관없이 친구로 받아들이는데 조금의 인색함도 없다. 그렇게 맺어진 수많은 친구의 이야기에 그가 일일이 반응할 수 없는 것은 당연한 현상이다. 그런데도 정작 자신이 올린 엇비슷한 홍보성 내용에 다른 사람들이 일일이 반응하지 않는다며 '소통' 운운하는 모습에서는 입이 딱, 벌어진다. 아, 그는 정말 '소통'이 뭔지 잘 모르는 사람이다.

 물론 그 뒷면에는 진정한 소통 여부와는 상관없이 어떻게든 친구 숫자를 늘려놓고 보자는 SNS 기업의 전략이 숨어 있지만, 사실 그것은 'ㄱ홍길동' 님에게는 도저히 바꿀 수 없는 질서에 해당한다. 그러니 SNS 기업의 그 같은 전략에 의심을 하지 않는다. 오히려 그런 기업들이 내놓는 새로운 기능들을 빨리 배워 그의 친구 숫자를 늘리고 공유 정신을 더 발전시키는 것이 중요한 일이다.

그렇게 많은 SNS 친구들을 위해 매일 좋은 글과 말을 찾고 공유하느라 바쁘다 보니 자신을 돌아다 볼 겨를이 없다. 'ㄱ홍길동'님의 SNS 활동은 독서나 대화를 하는 것과는 분명 다르다. 책보다 훨씬 작은 화면, 작은 글씨, 손가락만 까딱하면 이동하는 속도, 순간순간 뜨는 메시지나 카카오톡뿐만 아니라 데이터요금제로 인한 긴장 등이 여유를 가지기 힘든 복합적 원인이다.

전쟁 4

"내 안에 너 있다" - 'ㄱ홍길동'의 추억

 '짜증 나, 내 글에 반응이 없어'

'ㄱ홍길동' 님에 대한 연구에 몰두하고 있었던 어느 날 아침, 출근을 위해 지하철에 올라타자마자 와이파이를 켰다. 사실 그날 출근길은 기분이 그다지 유쾌하진 않았다.

며칠 전 카스에 올린 글에도 댓글이 몇 개 없었는데, 어제 올린 좋은 몇 장의 사진에도 별 반응이 없었다. 혹시나 싶어 카스의 다른 친구들이 올린 글(남의 글을 퍼와 자신의 글인 양 만든, 정말 마음에 안 드는 형태의 글)에도 일일이 '좋아요, 멋져요, 슬퍼요' 따위의 이모티콘을 붙이고 몇몇 글들에는 댓글도 달아놓는데 그들조차 내가 올린 글과 사진에 반응하지 않는 것은 정말 짜증 나는 일이다. 그런 사람들 가운데는 당연히 내가 연구하는 'ㄱ홍길동' 님도 있다.

페이스북 타임라인에 누군가가 유명 연예인들에 대한 뉴스를 올려 놓았다.

'이런, 걔가 걔랑 사귄다고?'

클릭하는 순간 액정화면은 네이버로 확 바뀐다. 흠, 얼마나 오래가겠어? 그런 생각과 함께 스크롤 바를 쑥 내리는데 밑바닥 한 줄 기사에 부패 추문에 엮인 정치인들에 대한 기사가 떴다. 잊을 만하면 등장하는 이런 종류의 뉴스에 질려 하면서도 저절로 손가락이 가는 순간 스마트폰이 붕 떨린다. 왔다! 내 카스에 댓글이 걸렸다. 누굴까? 혹시 그 친구일까?

그런데 댓글이 아니고 달랑 좋아요? 기왕에 쳐다보았으면 댓글 한 줄 남기는 것이 뭐 그리 큰일이라고? 담엔 나도 댓글 쓰나 봐라.

딩동! 단톡방이다. 하도 쓸데없는 것들이 많이 올라와서 무음으로 바꿔두었다가 어제 모처럼 카스에 올린 사진 몇 장을 평소 들락거리는 단톡방 몇 군데에도 올리면서 설정을 바꿔두었다. 며칠 전 다른 사람이 유럽 사진 몇 장 올린 것을 보고 괜히 속상했는데, 아마 나처럼 그렇게 느낀 카친들도 많겠지? 그래서 나는 지난해 갔던 동남아 사진 몇 장 올렸으니 반응이 괜찮을 거야. 동남아는 다들 한 번씩 가잖아.

그런데 이게 뭐야? 내 사진에는 반응도 없이 또 연예인 개 이야기야? 하여간 할 일 없는 것들이 한둘이 아니야. 도대체 개념들이 없어. 이 단체 카톡에서 나와 버리겠단 생각을 더 일찍 했지만 혹 다른 사람들이 어떻게 생각할까 싶어 미뤄왔는데, 이젠 정말 진지하게 생각해 봐야겠다.

그런데 지금 어디지? 아, 내려야 해! 좀 비켜봐, 내리지도 않으면서 입구엔 떡하니, 왕짜증. 왜 또 손이 떨려? 아, 댓글? 누구지? 어서 빨리 답글을 올려야지.

나?

아니야, 무슨 소리야? 내 이름 앞엔 'ㄱ'이 없잖아

멍청아, 'ㄱ홍길동'은 바로 나야!

아, 그날 아침에 맞닥뜨린 그 당혹감은 나름 연구랍시고 'ㄱ홍길동' 님에 대한 관심을 가진 이후 최대의 핵폭탄급 충격이었다. 그러니까 내가 애초에 비호감으로 확정했던 'ㄱ홍길동' 님을 나 자신에게서 고스란히 확인했던 것이다! 이것이 얼마나 부끄럽고 당황스러웠던지.

마치 각종 비리의혹에 연루된 정치인이 모르쇠로 일관하다 마침내 드러난 결정적인 증거 앞에서 고개를 떨구고 마는 것과 다름없었기 때문이었다. 아니, 더 정확하게 비유하자면 이건 숫제 내 눈의 들보는 보지 못한 채 다른 사람 눈의 티끌만 지적하는 꼴이며 똥 묻은 개가 겨 묻은 개를 보고 짖어대고 있었던 격이었으니, 스스로 낯이 뜨거워지는 것은 당연했다.

그와 동시에 그나마 다행스럽다는 생각으로 순간의 당혹감을 덮게 된 것은 순전히 본능적인 반응이었다. 사람이라면 누구나 착한 행동과 나쁜 행동을 한다. 다만, 그것을 알고 행하느냐 혹은 잘 모르고 행하느냐의 차이가 있을 뿐이다. 대체로 착한 일은 알고 행하지만 나쁜 행동은 잘 모르고 할 때가 많다. 누구에게나 착한 사람 신드롬이 어느 정도 있기 때문에 아무리 작은 행동조차도 착한 일은 쉽게 인지하지만, 반대로 자신의 행동 가운데 나쁜 일에 대해서는 관대하거나 무심하다. 누구나 악한 사람이 되고 싶지 않기에 나쁜 행동을 해도 그것이 나쁜 줄 의식하지 못하거나 쉽게 면죄부를 주기 때문이다.

물론 세상의 모든 행동이 꼭 착하거나 나쁜 것으로 구분될 수는 없다. 예컨대 몸이 불편해 보이는 할머니의 전단지를 받지 않은 것이 꼭 나쁜 행동이 아닐 수도 있다. 그러나 반대로 그런 전단지를 받아드는 순간 내 마음 속에 새겨지는 '착한 표'를 생각하면, 내가 그렇게 유치할 수가 없다. 그런데 대체로 사람들은 그렇다. 자신에게 먼저 관대하다. '내가 하면 로맨스, 남이 하면 불륜'이란 말이 그저 생겨나지 않았다.

나 자신이 'ㄱ홍길동'이라는 의식을 하지 못한 채 'ㄱ홍길동'님에게 손가락질했던 것. 그것은 내 안의 '나쁨'을 직시하지 못한 본능이었다. 이와 같은 본능을 발견한 후 두 가지 이유에서 다행이라는 생각이 들었다.

첫째, 내가 'ㄱ홍길동'님에 대한 선입견적인 비호감을 토대로 연구를 시작했다는 사실을 아직 아무도 모른다는 것이었다. 그러니 내가 느꼈던 부끄러움을 다른 사람은 도저히 알 수가 없었기 때문에 그저 어깨를 한번 들었다 놓으며 '휴, 다행이다'라고 할 수 있었다.

둘째, 이 연구를 시작하면서 느꼈던 왠지 모를 찝찝함의 분명한 이유를 발견했다는 점이었다. 'ㄱ홍길동'님에 대한 다른 사람들의 생각이 궁금하여 여러 검색도구들을 통해 찾아보았을 때, 나와 마찬가지로 그들에 대한 부정적인 언급들을 발견함과 동시에 'ㄱ홍길동'님들을 비꼬는 그들에게서 어딘지 모르게 시샘 같은 것을 느낀 적이 있었다.

사람이 사람을 비난하는 것이 꼭 그럴 만한 이유가 있어서라기보다 상대방에 대한 시샘 때문일 수도 있다는 생각이 들면서, 혹시 나도 그런 경우가 아닌가 하는 찝찝함이 있었는데 불행하게도 그런 우려가 사실로 드러난 셈이었다.

그래서 더욱 당황스럽고 부끄러웠다. 그럼에도 불구하고 'ㄱ홍길동'님에 대한 연구를 계속할 수 있었던 것은 이 두번째 이유가 결정적이었다는 점이 참 아이러니한 역설이기도 했다.

딱히 무엇이라고 꼬집기 힘들었던 찝찝함의 원인을 알게 되면서 나는 훨씬 자유로워졌다. 아마 'ㄱ홍길동' 님에 대한 연구가 나의 무의식 속에서는 꽤 부담스러운 작업이었던 모양이다.

그 부담감은 마치 책상 한 가운데 선을 죽 그어놓고 그 선에서 조금만 이쪽으로 넘어오면 우리 편으로, 그 선에서 조금만 저쪽으로 넘어가면 다른 편으로 단정 짓는 '편가르기'가 아닐까 하는 유치함과, 도대체 이름 앞에 'ㄱ' 하나 갖다 붙인 것이 뭐가 문제냐는 본질적인 의문, 그리고 그것을 처음부터 비호감으로 확정짓고 그 이유를 억지로라도 만들어 붙여야겠다는 강박증, 그러기 위해서는 적어도 나는 그들보다 잘난 체 해야 한다는 결벽증이었을 것이다.

망치로 크게 한 방 두들겨 맞은 것 같은 충격, 그로 인해 그때까지의 모든 선입견이 한 방에 녹아내리는 해체, 'ㄱ홍길동' 님을 내 안에서 다시금 발견하는 과정을 거치면서 그는 비로소 내 자신이 되었으며, 그런 나와 닮은 사람들을 다양한 SNS 공간에서 너무나 쉽게 만나면서부터 'ㄱ홍길동' 님은 곧 우리 모두라는 걸 인정할 수 있었다.

'ㄱ'이라는 이니셜만으로 그를 평가하고 그와 나 혹은 그를 저편으로, 나를 우리 편으로 나누려 했던 것은 매우 잘못되었다. 왜냐하면 자신의 이름 앞에 'ㄱ'을 붙여야 하는 이유와 엇비슷한 이유들이 나를 비롯한 사람들의 가슴 속에 자리잡고 있으며, 단지 'ㄱ홍길동'

님은 이를 드러내어 놓고 있을 뿐이었다. 그러니 그는 오히려 당당하며 용기가 있고 자연스러운 반면 나는 그렇지 못했다.

그 사실을 알고 인정하는 일은 분명 유쾌하지는 않았다. 그러나 내가 몰랐던 혹은 어딘가 잘못되어간다고 어렴풋이 느끼면서도 용기 부족으로 인정하지 못했던 사실들을 쿨하게 인정하게 된 것은 'ㄱ홍길동' 님에 대한 연구가 일궈낸 선물이었다.

그러니 내가 이 연구를 더욱 확장하고 구체화시켜야겠다고 생각했던 것은, 단지 그런 사실을 깨닫게 된 데 그치지 않고 이렇게 될 수밖에 없었던 이유를 찾아내고 앞으로는 그 누구도 자신의 이름 앞에 'ㄱ'을 붙이지 않아도 되는 방법들을 함께 찾아봐야 하기 때문이다. 우선은 나부터라도.

전쟁 5

SNS를 점령한 1%

'Social' 시대에 판치는 'Personal'

많은 사람의 마음속에 'ㄱ홍길동'이 자라날 수 있었던 이유, 그것을 나는 1%의 정신이 SNS를 점령한 때문이라 생각한다. 여기서 말하는 1%란 우리가 흔히 일컫는 상위 1%의 기득권층을 뜻한다. 대체 SNS가 상위 1%와 무슨 관련이 있느냐고? 차분차분 설명해보도록 하겠다.

SNS는 알다시피 '소셜 네트워크 서비스'(Social Network Service)에서 각 단어의 앞머리 철자만 가져온 것이다. 물론 이를 모르는 사람은 없다. 그런데 그 진정한 의미를 제대로 알고 적용하려는 사람은 많지 않다. SNS는 사회적 네트워크 서비스, 달리 표현하면 사회적 인맥 만들기를 도와주는 시스템이며, 그로 인해 사람들은 이제 엄청나게 빨리 훨씬 많은 사람과 새로운 관계를 맺을 수 있게 되었다.

SNS는 그래서 분명 기술이다. 또한, 그 기술이 의도하는 목적은 '네트워크'(Network), 즉 '연결'이라는 것도 명확히 하고 있다. 이때의 '연결'은 형식적으로는 PC나 모바일 등 사람마다 몇 개씩 가지고 있는 컴퓨터를 서로 촘촘히 연결하는 '망'에서 출발하지만, 그 실체적 종착점은 사람과 사람의 연결이다. 그런데 그 연결이 이미 알고 있었던 사람보다 그때까지 전혀 몰랐던 사람을 주된 목표로 한다는 점에서 'Social'이다.

그런 'Social'(사회적)과 대비되는 단어는 'Personal'(개인적)이며, 그러한 개인의 연대가 곧 'Social'이지만, 그렇다고 'Social'이 개인들의 단순한 합은 아니며 그 둘은 사실상 전혀 다른 패러다임이다. 단적으로 'Personal'은 개인의 능력에 따라 모든 것이 결정되지만, 'Social'은 개인의 서로 다른 능력이 결합하여 새로운 시너지를 만들고 그것을 다시 개인에게 재분배하는 방식이다. 더 노골적으로 표현하면 'Personal' 시대의 정신이 경쟁과 순위였다면, 'Social' 시대의 그것은 공유를 통한 상호협력과 연대이다. 'Personal'을 강조하는 세상이 상위 1% 혹은 0.1%에 초점을 맞추었다면, 'Social'은 궁극적으로 모든 사람이 평등한 삶을 지향한다.

'Social'을 통해 만들어진 새로운 시너지를 다시 재분배한 결과는 각자에게 같게 나타날 수도 있지만 그렇지 못한 경우가 대부분이다. 왜냐하면 'Social'을 통해 만들어진 새로운 시너지가 개인에게 재분배되면서 그 개인이 원래부터 가지고 있는 능력과 다시 합해지기 때문이다. 개인의 능력 차에 따라서 재분배의 결과는 달라질 수밖에 없다. 그러나 어쨌든 애초에 'Personal'적인 삶보다 각 개인의 차이는 훨씬 줄어들게 된다.

 ## SNS 세상에 넘실대는 '자본'의 향기

그렇다면 'Social'을 통한 새로운 시너지란 무엇일까?

'Social', 즉 개인과 개인 간의 연대가 강화되고 서로 다른 능력이 결합하면 갈등비용이 감소할 수 있고 부의 불균형으로 표현되는 부익부 빈익빈 현상이 완화되면서 상호신뢰지수가 높아지고 사회적 효용가치 역시 올라갈 것이다. 또한, 경쟁비용도 줄일 수 있다. 예를 들면 열 사람의 각각 다른 과일 장사가 하나로 합친다면 서로 잘할 수 있는 역할을 나누어 분담하여 운영에 필요한 비용을 줄이면서도 가격경쟁조차 할 필요가 없어 안정적인 매출도 가능하다.

기본적으로 'Social Network'는 온라인이 존재하기 이전부터 가능했다. 그런데 이것이 인터넷에 기반을 둔 시스템인 SNS로 활성화되면서 이제 우리는 지역, 국적, 성별, 나이, 계층, 직업, 취향 등 지극히 개인적인 조건에 상관없이 그동안 전혀 몰랐던 사람들, 감히 관계할 수 없었던 사람들과의 연결이 가능해졌고, 그로 인해 개인의 한계를 뛰어넘는 획기적인 시너지를 만들 수 있게 되었다. 그렇다면 당연히 'Social'의 가치, 즉 공유를 통한 상호협력과 연대가 SNS 시대 및 사회를 주도하고 있어야 하는데 현실은 아직도 'Personal'의 가치가 더욱더 기승을 부리고 있다. 'Personal'이 SNS의 등을 타고 그 위세를 더욱 떨치고 있는 셈이다. 왜 SNS 세상에 상호협력과 연대가 아닌 'Personal'이 힘을 얻고 있는 것일까?

어떤 사람은 이렇게 반론을 제기할 수도 있다.

예컨대, SNS가 아니면 충청도 산골짝에서 사과밭을 하는 농부가 서울 압구정에 사는 부잣집까지 잘 익은 사과를 직거래할 수도 없고, SNS가 아니면 가수 싸이가 세계적인 스타로 발돋움하기가 쉽지 않았을 것이며, 순식간에 세계적 이벤트로 퍼져나간 아이스 버킷 챌린지를 통해 루게릭병에 대한 관심을 이만큼 키워낼 수도 없었을 것이다. SNS가 아니면 크림빵 뺑소니사건의 가해자를 그렇게 신속히 붙잡을 수도 없었고, SNS가 아니면 세상의 모든 '을'들의 가슴팍에 겹겹이 쌓여있는 시커먼 숯덩어리들을 뱉어내지도 못했을 것이다. 이처럼 공유와 상호협력이라는 SNS 본래의 순기능이 여전히 살아있는 것은 사실이다.

그럼에도 불구하고 SNS 세상에는 이면의 '비틀어진 얼굴'이 있다. 오프라인 세상을 지배하는 'Personal'의 가치, 즉 경쟁과 순위 매기기가 SNS 세상에도 깊이 침투해 있는 것이다. 예컨대 시공간을 초월한 공유가 일반화된 시대에 소외 은둔형 외톨이가 오히려 증가하는 현상은 어떻게 생각해야 할까? SNS로 인해 수많은 직업이 사라지고, 수익보다 비용이 늘어나며 경쟁은 더욱 치열해진 현상은 또 어떻게 생각할까? 소위 1%, 심지어 0.1%로 상징되는 부의 불균형이, 공유를 통한 상호협력과 연대라는 SNS 시대에 더욱 가속화되는 현실을 어떻게 이해해야 할까? 이같이 모순된 현상을 나는 SNS의 기업화 때문이라고 생각한다.

이때의 '기업'이란 첫째, 우리가 알고 있는 일반의 기업들이다. 페이스북이나 다음카카오와 같이 SNS 자체가 수익기반인 기업들은 물론, 모든 기업이 SNS를 통해 시장, 즉 고객들과 소통하고 있으며 당연히 판매와 이윤을 목적으로 SNS를 운용한다. 즉 기업들은 일상적으로 이윤 동기 목적의 SNS 행동을 끊임없이 유도한다. 따라서 우리가 무심코 SNS를 드나드는 사이 데이터비용이나 이모티콘, 기프티콘이나 게임, 영화 등과 같은 문화콘텐츠 혹은 음식, 쇼핑 등의 상품구매 등으로 내 통장의 돈이 기업으로 옮겨진다.

둘째, 기업화된 개인이다. '1인 기업'처럼 이제 누구든지 SNS를 활용하면 자기상표를 쉽게 만들 수 있게 되었다. 내 손 안의 컴퓨터인 모바일을 통해 언제든 내가 원하는 사진을 찍고 동영상을 촬영하여 유튜브에 올린 다음 페이스북이나 인스타그램, 트위터나 카카오, 블로그, 카페 등을 통해 잘 공유하기만 해도 충청도 산골짝에서 사과밭을 하는 농부가 서울 압구정은 물론 세계적인 상인이 될 수도 있다. 예를 들어 2012년 어느 날 인터넷에 등장한 '뚱한 고양이'는 삽시간에 세계인의 시선을 끌면서 세계적인 축구선수 크리스티아누 호날두와 영화배우 니콜 키드먼보다 더 많은 돈을 벌고 있다.

 이 같은 현상들은 당장에 기업적 행동을 할 필요가 없는 사람들조차 자신도 모르게 기업화된 SNS 활동을 하도록 유혹하고 있다. 예를 들면 페이스북이나 인스타그램 등 세계적인 SNS 플랫폼은 말할 것도 없거니와 국내 토종 SNS 기업인 카카오만 하더라도 카카오톡의 계정 꾸미기를 기본으로 카카오스토리, 카카오스토리 채널 등과 같이 더욱 적극적으로 노출이 가능하도록 유도하고 있다. 그리하여 사람들은 애초의 가벼운 자기표현을 넘어 '좋아요'와 댓글, 공유 등과 맞물리면서 자신도 모르게 자극, 광고, 선전, 과시의 단계로 빠져들게 된다. 덕분에 SNS에서는 누가 기업인지 누가 개인인지의 경계가 갈수록 옅어지면서 영리 기업들의 활동이 더욱 자연스러워지고 있고, 끝없는 경쟁을 통한 이윤 추구의 'Personal'적인 가치는 SNS 시대를 점차 지배해 가고 있다.

전쟁 6

쉽게 만드는 관계, 쉽게 받는 상처

인스턴트 같은 인맥이 판치는 세상

기업이든 개인이든 어떤 긍정적인 가치를 함께 공유하여 시너지를 확대하는 것은 대단히 의미 있는 일이다. 그래서 우리는 'Social', 'Network', 'Service' 가운데 'Social', 즉 '사회적'이란 단어가 의미하는 것들에 대해 주목할 필요가 있다.

'사회적'이란, 다른 사람들로부터 영향을 받거나 내가 다른 사람들에게 영향을 미치는 것을 의미한다. 따라서 소셜 네트워크 서비스(Social Network Service)는 혈연에 의해 운명적으로 맺어진 관계가 아닌, 그런 사회적 관계 형성을 도와주는 시스템이다. 또한, 사회적 관계에서는 누구나 다른 사람에게 영향을 미친다. 우리가 암묵적으로 추구하는 '영향'이란 다른 사람을 이롭게 하는 행동이며 그것을 우리는 '친사회적(Prosocial)'이라고 말한다. 동시에 사람들은 그런 친사회적 행동이 결국 자기 자신을 이롭게 한다는 믿음과 경험을 가지고 있다.

한편, '사회적'이란 혼자서 할 수 없는 일들이나 부정적인 것들이 사회적 관계 속에서는 가능해지고 긍정적으로 바뀌는 것처럼 서로 간의 관계를 통한 새로운 시너지를 의미한다. 이 역시 '친사회적(Prosocial)'이란 표현과도 연결된다. 예컨대, 가격이 10만 원인 멋진 스카프를 혼자서 사려고 하면 10만 원이지만 둘이서 공동구매하면 9만 원이 될 수도 있고 더 많은 사람이 함께 구매하면 절반 가격에도 살 수가 있다. 다른 사람을 이롭게 하는 친사회적 행동이지만 동시에 자기 자신도 이익을 얻는다. 상호 시너지를 유발하는 것이다. 그래서 이 같은 구매방법을 그냥 커머스(Commerce)라 하지 않고 소셜커머스(Social Commerce)라고 부른다.

루게릭병 환우들을 돕기 위해 펼쳐졌던 아이스버킷 챌린지(Ice Bucket Challenge)도 마찬가지다. 아이스버킷 챌린지에 참여한 사람들은 그로 인해 루게릭병 환우들의 회복과 치료비에 이바지한다는 기쁨을 느낀다. 물론 루게릭병 환우들이 느낄 감사는 말할 나위도 없다. 이런 현상 역시 친사회적인 상호 시너지의 좋은 사례이다.

이렇듯 사회적 관계란 암묵적으로 다른 사람을 이롭게 하려는 친사회적 동기에서 비롯되며, 긍정적이고 상호 도움이 되는 새로운 시너지를 만들어가는 관계를 뜻한다. SNS, 즉 소셜 네트워크 서비스(Social Network Service)는 친사회적 동기를 돕기 위해 만들어진 시스템이다.

우리가 사는 세상에서 인맥은 중요하다. 특히 시장우선주의의 가속화로 개인보다 기업의 힘이 갈수록 커지기 때문에 혼자서 감당할 수 없는 위험 역시 비례적으로 커질 수밖에 없다. 더구나 기업들은 노동조합은 물론이거니와 개인 소비자들의 연대가 확장되고 강화되어 힘이 세지는 것도 싫어한다. 물론 그렇지 않은 기업들도 있지만 소수에 불과하다. 더욱 철저한 개인화를 부추기는 것이 기업이익을 위해 유리하기 때문이다.

이런 형편에서 '링크트인(Linkedin)'과 같이 구체적인 인맥을 만들어주는 SNS 플랫폼이 인기를 얻는 것은 당연한 현상이다. 또한, 오프라인에서도 새로운 인맥을 만들어준다는 비즈니스가 여러 군데서 진행되고 있다. 그런데 그렇게 만들어진 인맥에는 '비즈니스'라는 분명한 수식어를 붙여야 한다.

'비즈니스' 인맥.

휴먼(Human)은 사라지고 비즈니스(Business)만 남는 관계이다.

즉, 서로의 비즈니스에 도움되지 않는다고 판단되면 언제든 단절되는 기브앤테이크(Give&Take)에 철저한 인맥이다. 그런 사람들은 놀랍게도 단 한 번의 명함 교환으로도 관계의 득실을 계산해내는 동물적인 시장감각을 지니고 있다. 자연스럽게 도움이 될 만한 사람만 선별적으로 교제하기 시작한다. 심지어 자신의 이익이 실현되면 언제든 관계가 단절되는 테이크앤기브(Take&Give) 혹은 테이크앤테이크(Take&Take)에 익숙한 비즈니스 사냥꾼들도 있다.

 ## 유튜브 출현 이후 멘토의 폭발적 증가

SNS로 인해 인맥 맺기가 더욱 편리해진 것은 분명한 사실이다. 인맥 맺기에 대한 욕구가 만들어낸 현상 가운데 하나는 멘토의 홍수다. 멘토의 정의에 대해 박문각의 『시사상식사전』에는 이렇게 정리되어 있다.

'멘토'라는 단어는 〈오디세이아 Odyssey〉에 나오는 오디세우스의 충실한 조언자의 이름에서 유래한다. 오디세우스가 트로이 전쟁에 출정하면서 집안일과 아들 텔레마코스의 교육을 그의 친구인 멘토에게 맡긴다. 오디세우스가 전쟁에서 돌아오기까지 무려 10여 년 동안 멘토는 왕자의 친구, 선생, 상담자, 때로는 아버지가 되어 그를 잘 돌보아주었다. 이후로 멘토라는 그의 이름은 지혜와 신뢰로 한 사람의 인생을 이끌어주는 지도자의 동의어로 사용되었다. 즉, 멘토는 현명하고 신뢰할 수 있는 상담 상대, 지도자, 스승, 선생의 의미이다. 이런 멘토의 상대자를 멘티(Mentee) 또는 멘토리(Mentoree), 프로테제(Protege)라 한다.

멘토가 갑자기 많아진 배경에는 이름이 알려진 사람들을 과거 보다 훨씬 쉽게 만날 수 있게 되었기 때문이다. 특히 공유와 나눔 등 SNS 시대정신과 맞물려 주로 청년들을 위한 유명인들의 무료강연 문화가 흔해진 것도 구체적인 원인이 되었는데, 그러한 강연문화는 독특한 이력의 벤처사업가 안철수 씨를 단번에 유력 대통령 선거 후보로 만드는 데 적잖이 이바지를 하기도 했다.

유명인들의 강연이 무료화되기 시작한 계기는 유튜브 채널이다. 그것은 그동안 CD 구매나 강의전문사이트에서 유료결제를 해야만 들을 수 있었던 모든 강의콘텐츠를 무료로 만들어버렸다. 이제 유료 강의시장은 'B2B' (Business to Business · 기업과 기업 간 상거래), 'B2G' (Business to Government · 기업과 정부 간 상거래)로만 존재하고, 'B2C' (Business to consumer · 기업과 소비자간 상거래)에서는 유튜브 채널에 묻어가는 광고수익으로만 유지되고 있다. 덩달아 공중파 방송국을 비롯한 몇몇 영향력 있는 방송 매체의 강의 · 강연 프로그램이 자리를 잡으면서, 강의 · 강연은 과거의 단순한 교육아카데미 영역에서 인기 있는 대중문화로 편입되었다.

이런 환경들은 그동안 전혀 이름조차 알려지지 않은 무명인이 일약 스타로 발돋움하는 등용문 역할을 하기에도 충분했다. 특히 2008년 세계를 강타한 금융위기 이후 더욱 팍팍해진 대중들의 삶을 위로하기 위한 유명인사들의 재능기부강연 등이 많아지면서, 누구라도 조금의 관심과 적극적인 마음을 가지면 그가 원하는 유명인들의 강연에 무료로 참여하여 강연을 듣고 그와 함께 어깨를 나란히 한 사진 한 장쯤은 어렵지 않게 찍을 수 있게 되었다. 선거철이 되면 당대에 영향력 있는 유력정치인과 함께 찍은 사진을 대문짝만하게 인쇄하여 그와의 친분을 과시하는 것이 효과적인 선거전략의 하나인 것처럼, 유명인의 강연을 듣고 그와 함께 찍은 사진은 누구에게라도 큰 자부심과 자랑거리가 될 수밖에 없다.

멘토 열풍이 일어난 것도 바로 그즈음부터로 기억한다. 청년들은 그런 사람들과 함께 찍은 사진을 자신의 SNS에 올리면서 '나의 멘토가 되었다' 라는 표현을 빈번히 사용했다. 특히 유명인들 가운데는 간혹 일반적인 대중강연을 넘어 보다 적극적으로 참가자들과의 교제를 이어나가는 사람들도 있는데, 그러다 보면 자연스럽게 멘토·멘티 관계가 된다. 물론 참 좋은 현상이다. 누구나 동경하고 닮아가고 싶은 사람이 있다. 그로부터 좀 더 가까이에서 삶의 조언을 듣고 위로를 받을 수 있다면 우울한 내 삶에 한 줄기 빛이 되지 않겠는가.

멘토가 '스타'일 필요는 없다

그런데 유명하다거나 혹은 일약 유명해졌다고 해서 모두 멘토가 될 자격이 있는 것은 아니다. 물론 멘토와 멘티는 지극히 사적인 관계이다. 따라서 멘토의 자격에 대해 이렇다저렇다 일률적인 기준을 정하는 것 자체가 모순일 수 있다. 다만, 그가 진정 누구인가는 좀 더 시간을 갖고 살펴봐야 할 필요는 있다.

과거에는 유명 영화인이나 연예인, 가수 정도가 대중의 스타였다면 SNS로 인해 이제는 누구나 스타가 되기 쉬운 세상이다. 심지어 페이스북이나 카톡, 트위터 등에서 다른 사람들보다 비교적 많은 친구를 가졌다는 이유로 내가 이렇게 대단한데, 왜 당신은 나를 몰라주느냐며 따지는 사람도 있다.

그런 이들은 자기 멋에 산다지만 문제는 멘티, 그 가운데서도 청년들이다. 새들이 알에서 깨어나 처음 본 것을 어미로 생각하는 것처럼, 아직 사회 경험이 부족하고 삶의 정체성이 다져지지 않은 청년들은 자신이 멘토로 정한 사람으로부터 당연히 큰 영향을 받는다. 시간이 충분하니 힘들더라도 자기에게 맞는 방향을 따라 한 걸음씩 천천히 나아지는 것을 선호하기 보다, 겉으로 드러나는 유명인의 모습을 단박에 복사하여 자기 것으로 만들고 싶은 욕망에 유혹당하기 쉽다. 그들 중에는 유명인과의 관계를 일종의 사회적 '끈'으로 생각하여 멘토로 정하는 청년들도 있다.

그런 사례들을 보면서 느끼는 것은 소위 멘토 열풍을 이용하여 인기놀이를 즐기는 유명인들도 적지 않다는 점이다. 한때 유명했던 스타 연예인들은 하나같이 '스타병'을 앓았음을 토로한다. 한 번 인기를 얻으면 그 자리에서 내려오기가 쉽지 않고, 자칫 그런 위기가 닥칠 때면 어떻게든 떨어지지 않으려고 온갖 수단과 방법을 다 동원했다고 고백한다. 이를 생각하면 더욱 다양해지는 SNS 도구들이 멘토 열풍에 편승하여 어떤 일그러진 영웅들을 양산해 낼지, 그런 열풍에 휩싸여 상처받는 청년들이 얼마나 많아질지 걱정되는 것 또한 사실이다.

　〈오디세이아〉에서 유래된 멘토는 하나의 전인적 인격을 갖춘 사람을 의미한다. 그래서 멘토를 정신적 지주로 표현하는 경우도 있다. 그렇다고 '전인적 인격'을 갖춘 사람만이 멘토가 되어야 한다는 뜻은 아니다. 지금은 오디세이아의 시대도 아니거니와 그런 조건을 갖춘 사람 역시 찾아보기 어렵다. 그러나 사람이 받는 상처 가운데 가장 깊고 아픈 것, 심지어 회복조차 힘든 것은 사람으로부터 받는 상처다. 따라서 적어도 누군가를 나의 멘토로 정하기까지는 외견상 드러나는 그의 모습뿐만 아니라 당장에는 알 수 없으나 충분한 시간을 두고 천천히 알아가는 과정이 필요하다는 의미이다. 그런 과정이 생략된 채 급하게 정해지는 멘토와 멘티 관계는 그 자체로 진정성을 갖기 힘들 뿐만 아니라 자칫 멘티에게 큰 상처를 입힐 위험이 있다. 급하게 맺어진 관계엔 반드시 거품이 생긴다.

전쟁 7

배설의 자유와 표현의 자유

 SNS 공간의 욕설, 표현일까 배설일까?

SNS라는 개인형 미디어를 통해 점차 기업화되어가는 개인 그리고 진정성을 확인하기 힘들 정도로 빠르게 맺어지는 관계, 그로 인해 왜곡되기 시작한 소통이 어우러지면서 갈등을 겪는 것은 당연한 현상이다. SNS 공간에 난무하는 거침없는 욕설, 심지어 섬뜩한 저주들은 그런 현상의 극단을 보여준다.

단체 대화방에 누군가가 어떤 특정집단을 향해 차마 입에 담기 힘든 저주의 글을 올렸다. 그 제목만으로도 이미 섬뜩하여 해당 글을 등록한 사람에게 삭제하는 것이 어떻겠냐는 의견을 올렸더니 '표현의 자유'라는 대답이 돌아왔다. 그 순간 불현듯 '배설의 자유'가 생각났다.

　한번은 등산을 갔다가 하산하면서 굽이진 등산로를 막 지나는데 저만치서 양다리를 떡하니 벌린 채 볼일을 보고 있는 사내를 만난 적이 있다. 갑작스러운 인기척에 그도 흠칫 놀라면서 나를 쳐다보았지만 당장에 어찌하긴 어려웠는지 고개를 돌려 하던 일을 계속했고, 나 또한 당황스럽고 어이가 없어 가던 길을 재촉하면서 '허 참'하고 한마디 내뱉었던 기억이 있다. 그때 그에게서는 술 냄새가 진동을 했다. 아마 산 정상에 올라 소주라도 몇 잔 들이켰던 모양이다. 사실 나도 등산을 하다 보면 화장실도 없는 난처한 곳에서 급하게 배설을 하고 싶은 때가 간혹 있다. 그럴 땐 하는 수 없이 등산로를 벗어나 다른 사람의 눈에 띄지 않는 깊은 숲 속으로 찾아 들어가 서둘러 볼일을 보고 나온다.

　누구나 배설을 한다. 그것은 살아있다는 증거이다. 그러니 배설의 자유는 인간으로서 보장받아야 하는 당연한 권리다. 배설의 특징 가운데 하나는 위에서 아래로 향한다는 점인데, 그것이 배설을 자연현상으로 말할 수 있는 증거이기도 하다. 그렇게 당연한 배설행위에서 가장 필요한 것은 인간에 대한 예의다. 등산길에서 만난 그와 나는 똑같이 배설의 자유를 누렸다. 차이가 있다면 '예의'가 있었나이다.

그는 혹시나 만날지 모를 다른 등산객의 눈을 의식하지 않았고, 나는 의식했다. 예의는 결국 다른 사람에 대한 최소한의 배려이며 타인에 대한 의식에서 비롯된다.

 ### '예의'가 사라진 표현의 자유, 그것은 '배설'이어라

표현의 자유는 배설의 자유와 얼핏 비슷해 보이지만 분명히 다르다. 우선 표현의 자유는 생리 현상인 배설의 자유와는 다르다. 또한 표현의 자유는 말, 글, 노래, 시, 연극, 춤, 그림, 스포츠 등 표현하는 이의 의도에 따라 다양한 방법으로 표현할 수 있지만, 배설의 자유는 선택의 여지 없이 인체의 배설기관을 통해서만 가능하다.

무엇보다 둘 사이의 가장 본질적인 차이는 주체성과 방향성이다. 즉, 배설의 자유와는 달리 표현의 자유는 기본적으로 힘없는 자들에게 주어진 최후의 저항수단으로 그 방향은 밑에서 위, 즉 힘을 가진 자들에게로 향한다. 표현의 자유라는 개념조차 없었던 조선 시대에 누구든 자신의 억울한 사연을 호소할 수 있도록 설치된 신문고를 누가 이용했는지 생각해보면 쉽다.

물론 권력을 가진 자들도 표현의 자유는 당연히 보장된다. 그러나 그 방향이 아래로 향한다면 적어도 방향성에서는 표현의 자유라기보다 배설의 자유에 가깝다. 그렇다면 당연히 인간에 대한 예의를 지켜야 하는데도 그것을 가볍게 생각할 때 문제가 발생한다. 대기업

사주의 횡포로 세상을 떠들썩하게 만든 땅콩 회항 사건이나, 유명 사립대학교의 재단이사장이었던 모그룹 회장이 학과통폐합에 반대하는 교수들에게 보낸 섬뜩한 이메일과 같이 스스로 사회적 파문을 자초하는 꼴이 되고 만다. 문제가 심각해지자 이렇게 저렇게 둘러대는 그들의 해명을 세간에서 '똥 같은 소리'로 일축하는 것은, 그들이 앞서 뱉은 말들이 인간에 대한 예의를 망각한 배설이었기 때문이다.

'표현의 자유'를 이야기할 때 자연스럽게 '언론'이 연상된다. 언론은 표현의 자유라는 이름의 바다 위를 항해하는 선박이다. 표현의 자유가 억압되면 항해는 끝난다. 그러나 그런 언론조차 표현의 방향성이 모호하게 느껴질 때가 많다. 분명 아래로 향하는 경우엔 인간에 대한 최소한의 예의는 갖추어야 한다. '사실 보도'만을 앞세워 그것을 무시할 때, 언론조차 '똥'이 되고 만다.

SNS는 분명 표현의 자유를 엄청나게 확대했고 그 속도 역시 빨라지면서 '언론보다 더한 언론'으로 군림하고 있다. 그러다 보니 때로는 SNS에 올린 내용이 똥인지 된장인지, 배설인지 표현인지 모호한 경우가 참 많아졌다. 오히려 그런 모호성을 즐기는 사람도 많다. 여차하면 똥이라 할 수도, 반대로 된장이라 할 수도 있기 때문이다. 한마디로 무책임이 습관화되고 있다. '아니면 그 뿐'이라는 무책임의 극치다. 그러나 어찌 그 뿐일까? 배설로 인한 상처는 결코 '아니면 그 뿐'이 될 수가 없다.

전쟁 8

나는 지금 괜찮지 않다

 행복하지도, 만족하지도 못하는 대한민국

"나는 지금 괜찮지 않다."

다양한 사람들의 온오프 협업네트워킹을 지원하는 '밋플' 정기모임에서 언젠가 한 번 이런 주제로 이야기를 나누었던 적이 있었다. 잘 살아가는 것이 만만치 않은 시대에 늘 가까이하는 사람들만이라도 진솔한 소통을 통해 좀 더 따뜻한 공감이 필요하지 않을까 하는 생각에서였다. 물론 쉽지는 않았다. 다들 그 뜻에는 공감하면서도 자신의 불편한 이야기들을 드러내는 것에 익숙하지 않아 어색하게 진행되었던 기억이 있다.

그때 우리는 상대방에게 나를 드러내는 일이 참 서툴고 낯설다는 것을 많이 느꼈다. 그러는 동안 지금 괜찮지 않은 사람들도 점점 더 늘어나고 있다.

2013년 미국의 여론조사 전문기관 갤럽과 헬스웨이스가 전 세계 135개국 국민을 상대로 조사한 행복지수(Gallup-Healthways Well-Being Index)에서 우리나라는 루마니아, 이란, 요르단 등과 함께 74위를 차지했다. 이 조사는 행복의 전제조건이 되는 5가지 분야, 즉 '육체적 건강', '금전적 안정성', '공생적 사회관계', 거주지를 비롯한 '사회공동체에 대한 만족도', '목적의식'에 대한 설문조사를 토대로 작성되었는데, 이들 5개 분야 중 3가지 이상 만족하는 국민의 비율을 산정한 결과 우리나라 국민은 단 14%만이 3가지 이상 항목에서 만족하고 있다고 대답했다(ECONOMY, 2014.6.5.).

또한, 갤럽이 2015년 3월 20일 세계 행복의 날에 맞춰 조사한 결과로는 143개국 가운데 118위였다는데, 이 조사에서 사용된 설문내용은 '많이 웃었는가?', '피로를 풀었는가?', '온종일 존중받았는가?', '하루를 즐겁게 보냈는가?', '흥미로운 것을 했는가?' 등과 같이 일상의 행복에 대한 질문이었다. 우리나라 직장인의 행복지수는 100점 만점에 55점에 불과하며, 특히 가장 열정적으로 일해야 할 20대가 48점으로 모든 연령대를 통틀어 최하위를 기록했다는 삼성

경제연구소의 발표 역시 시대의 현실을 잘 설명해 주고 있다(*MBN*, *2015. 4. 20.*).

여성의 행복지수 역시 마찬가지다. 패션 매거진 〈엘르〉가 전 세계 42개국 2만 3천4백 명의 여성들을 대상으로 '지금 행복한가?' 라는 질문을 던졌다. 이에 대한 답변을 토대로 작성된 '해피니스 인덱스' (Happiness Index)에서, 우리나라 여성들은 42개국 중에서 39위를 기록했다. 더 놀라운 것은 해당 설문에서 외모 그리고 노화(Aging) 에 대해서도 물었는데, 우리나라 여성들의 만족지수가 단 37%에 그쳐, 이 항목에서도 42개국 중 38위에 해당하였다고 한다(*비주얼다이브*, *2014. 11. 7.*).

외국 사람들이 한국에 대해 말할 때 빠지지 않는 단어가 성형, 심지어 그것을 빗대어 '성형공화국'으로 표현할 지경임을 생각하면 참 아이러니한 결과다. 즉, 외모에 대한 불만으로 성형하지만 그런데도 외모에 대한 만족도가 떨어진다는 사실은 행복의 원천이 결코 외모에 있지 않다는 것을 잘 방증하는 결과가 아닌가 생각된다.

실제로도 우리는 다른 나라 국민에 비해 '행복' 이란 단어를 잘 사용하지 않는다. 미국 버몬트대학 연구팀이 한국어 영화 자막과 트위터 등을 포함한 전 세계 10개 언어 24개 영역에 대해 많이 쓰인 단어 1만 개를 토대로 조사한 행복도 지수에 따르면, 한국어 영화 자막에서 '행복' 이라는 단어의 사용빈도가 23위, 한국어 트위터에서는 20

위에 머무르는 등 행복이란 단어를 쓰는 정도가 거의 꼴찌 수준이었다(YTN 사이언스투데이, 2015.2.11.).

지금에 와서 새삼스럽게 우리가 이미 SNS 시대에 살고 있다는 사실을 재론할 필요는 없다. 그러나 SNS를 누군가가 아무 생각 없이 만든 것은 아니다. 예컨대 페이스북이나 트위터, 인스타그램, 유튜브, 카카오뿐만 아니라 구글, 네이버와 같은 기존 포털은 물론 이런 기술들이 결합하여 서비스되는 숙박공유서비스 에어비앤비(airbnb)와 자동차공유서비스 우버(uber)도 수익을 바탕으로 오픈되었다. 즉 우리가 무심코 사용하는 SNS는 공유와 협업을 위한 좋은 도구가 될 것이라는 사용자 의도와는 달리 그것을 만든 기업의 의도, 즉 최대한의 수익을 만들 목적이 포함되어 있다는 사실을 가볍게 생각하지 말아야 한다는 뜻이다. 그것이 한국사회의 왜곡된 불균형 및 지나친 경쟁과 결합하면서 SNS에서조차 진정한 공유를 통한 행복을 방해하고 있다.

 나, 누구랑 얘기하는 걸까?

비평가이며 작곡가이기도 한 최정우 씨는 SNS 시대를 세 가지 의미로 정리했는데, 요약하면 다음과 같다(한겨레신문, 'SNS 시대. 인문학의 과제는 무엇인가?', 2012.8.17.).

첫째, 사회적인 네트워크, 곧 사회적 인간관계가 단순히 지역적 혹은 물리적 공간을 뛰어넘어 다양한 영역으로 '확장' 되었다.

둘째, 그러한 사회관계망이 일종의 '서비스'로서 제공되고 향유된다는 것을 의미한다.

셋째, SNS는 과거와는 매우 다른 방식으로 소통할 수 있게 한다.

그의 말처럼 SNS는 나의 인간관계가 이미 알던 사람은 물론 전혀 알지 못했던 사람들까지 '친구'로 확장할 수 있게 되었음을 뜻하며, 이것이 SNS에서 가장 중요한 관계를 이루고 있다. 또한, 우리는 SNS를 통해 의식적이든 무의식적이든 우리 스스로 어떤 이익(반응 확인을 통한 존재감이나 영향력 과시 등)을 기대하고 되었고, '소통' 역시 지금까지 우리가 알고 있었던 쌍방향의 대화뿐만 아니라 나 혹은 상대방의 일방적인 주장이나 이야기, 이미지 등 그동안 우리가 불통이라 여겼던 것들조차 소통이라 생각하게 되었다.

즉, SNS 시대의 소통은 상대방이 있고 없고를 따지지 않을 뿐만 아니라, 상대방을 꼭 사람으로 한정할 필요가 없으며 상대방을 누군가로 지정할 필요조차 없다. 사람 이전에 SNS라는 도구 그 자체가 곧 대화의 상대방이라는 뜻이다. 언젠가부터 우리는 이러한 방식으로 '소통'하고 있다. 오늘도 내가 어떤 내용이든 SNS에 올려두면 그것을 발견한 누군가(내가 누군지 알 수도, 알 필요도 느끼지 못하는)가 이런저런 방식으로 반응하는 형식의 새로운 소통에 우리는 이미 익숙해져 있다.

우리 안의 'ㄱ홍길동'의 심리 역시 그같이 진화된 소통방식에서 찾아낼 수 있다.

즉, SNS를 통해 가능한 더 많은 친구를 만들고, 그렇게 만들어진 친구들과 이런저런 방식의 그룹을 만들면서 서로가 올린 내용을 열심히 공유하고 얼굴도 본 적 없는 친구들과 관계하는 동안, 우리는 그 누구보다도 소통을 잘하는 사람으로 자신을 인식하게 된다. 그러는 사이 우리는 SNS 공간에서의 소통방식을 사람과 사람의 직접 만남을 통해 만들어가는 소통과 동일시하는 착시현상에 빠진다. 본래 진정한 소통은 상대방을 있는 그대로 인정하는 것에서 비롯된다. 뒤집어 표현하면 상대방에게 지금 이대로의 나를 보여주는 것부터 진정한 소통이 시작된다는 뜻이다.

과연 우리는 상대방의 모습을 얼마나 인정하고 있을까? 그리고 상대방에게 나의 모습을 얼마나 가식 없이 보여주고 있을까? 이 질문에 대한 답을 찾기 원한다면 앞에서 언급한 바 있는 질문을 다시 한번 적용해 보자.

'소통의 도구라는 SNS가 갈수록 확장되고 그 사용자 역시 폭발적으로 증가하고 있는데도 오히려 은둔형 외톨이가 증가하는 이유는 무엇일까?'

SNS 공간에서 다른 사람이 올린 내용에 그 누구보다도 열심히 '좋아요'와 댓글로 반응하고 심지어 여기저기 퍼 나르기까지 하는 사람들 가운데, 오프라인 모임에는 좀처럼 얼굴을 드러내지 않는 사람들이 많다.

'좋은 모임인데 하필이면 그 날 다른 약속이….', '꼭 갈려고 했는데 갑자기 일이 생겨서….', '아, 그 날 마침 지방 출장이라….'

정말 바쁜 경우도 있겠으나, 집 밖 활동 자체를 꺼리는 사람들도 있다. 우리는 이들을 은둔형 외톨이라고 부른다. 은둔형 외톨이는 다른 사람들은 물론 가족과의 접촉조차 극도로 꺼리는데, 1인 가구뿐 아니라 가족과 함께 사는 경우에도 찾아볼 수 있다.

SNS 관계중독, 은둔형 외톨이의 증가

1인 가구 증가 현상은 세계적인 추세다. 특히 한국의 경우 급속한 고령화와 함께 닥친 경기불황으로 인해 청년층은 물론 30, 40대의 경제적 불안이 가중되면서 이제는 4가구 가운데 1가구 이상이 1인 가구일 정도로 점점 가파르게 증가하고 있다. 그 가운데 '은둔형 외톨이'(引き籠り)에 대한 정확한 통계는 아직 없지만, 이웃 일본의 경우 '히키코모리'라 불리는 은둔형 외톨이가 100만 명 가까이 집계되었다는 보고를 참고할 때 비슷한 인구구조를 가진 한국의 경우에도 그 숫자가 절대 적지 않을 것이다.

문제는 그런 은둔형일수록 SNS 방식 소통에는 오히려 뛰어나다는 점이다. 즉, 얼굴조차 본 적 없는 친구들과 온라인으로 관계하는 방식에 익숙해지면서 자신을 소통 잘하는 사람으로 자위한다. 그러는 동안 오프라인에서의 대면접촉 경험은 점점 줄어들고 결국 피하게 된다. 심지어 '프로파일 스쿼팅'(Profile Squatting), 즉 연예인 혹은 다른 사람으로 속여 말하고 그들의 일상을 마치 자기 것인 양 올리면서 사람들의 반응에 대리만족을 얻으려는 행위조차 일어나는데, 자신이 사칭한 다른 사람의 일상을 진짜 자기 것으로 믿는 경우도 있다. 전문가들에 따르면 이 같은 증상이 거듭되면 자신이 온라인상에서 하는 거짓말을 현실로 믿은 채 환상 속에서 살아가는 '사이버 리플리 증후군'(Cyber Ripley Syndrome)과 같은 인격장애로 이어질 수 있다고 한다.

2015년 4월 18일 '학벌·인맥사회의 그늘…타인 사칭 메신저 판친다'의 제목으로 보도된 중앙일보 기사를 보면, 이런 현상에 대해 심리학 박사인 최창호 씨는 "사회가 발전하고 인간관계가 소원해진 가운데 자신의 존재감을 찾으려는 과정에서 나타나는 병폐"라며 "온라인상에선 얼굴을 모르는 타인으로 속이면 죄책감이 덜하다. 결국, 자신도 그 거짓말을 진심으로 믿게 되고, 그 거짓말을 다른 사람에게 전달해 크고 작은 피해가 생기면서 피해로 이어질 수 있다."고 경고했다. 우종민 서울백병원 정신건강의학과 교수도 "개인의 사회적 성취욕은 큰 데 비해 꿈을 실현할 기회가 제한된 경우 리플리 증후군이 빈번히 발생한다"고 분석했다. 즉, 능력보다는 학벌과 인맥 등 사람의 '겉모습'을 중요시하기 때문에 우리 사회에서 이 같은 현상이 더 두드러진다는 것이다.

SNS 속 보정된 이미지로 탄생하는 'ㄱ홍길동'

2015년 4월 17일 치뤄진 9급 공무원 시험의 최종 경쟁률은 '51.6 대 1'이었다고 한다. 그 가운데 특히 교육행정직은 무려 '734.3대 1'이라는 경이적인 경쟁률을 기록했다. 청년들이 과연 공무원이 되고 싶어 엄청난 경쟁에도 불구하고 도전 또 도전을 반복하고 있을까? 물론 그런 사람도 있겠지만 그것보다는 달리 취업할 곳이 없어 어쩔 수 없이 매달리는 사람들이 훨씬 더 많다고 한다.

소통의 도구라는 SNS가 갈수록 확장되고 사용자 역시 폭발적으로 증가하고 있는데도 오히려 은둔형 외톨이가 늘어나는 이유는, 일상에서 꿈을 실현할 수 있는 기회가 제한된 사람들이 증가하는 현실과 맞물린다. 최소한 SNS 공간에서라도 위너(Winner), 즉 1%가 되고 싶어 하는 발버둥이 아닐까 싶어 안쓰럽다. 그런 사람들이 오프라인에서의 실제 소통을 불편해하는 현상은 어찌 생각하면 당연해 보인다.

어떤 사람들은 이런 현상을 '연결의 과잉 관계의 결핍'으로 진단하기도 한다. 그러나 표현이 어떻든지 간에, SNS라는 가상공간에서의 소통과 현실 공간에서의 소통은 분명히 다르다. 또한 SNS를 붙들고 있는 시간이 많을수록 오히려 소통력은 줄어들 수 있다. 현실에서의 소통보다 가상공간에서의 소통을 우선시할 때 그때부터 우리는 관계결핍증에 시달릴 수 있다. 이 모든 것은 분명한 사실이다.

분명, 나는 지금 괜찮지 않다.

단지 그것을 다른 사람들에게 인정하고 싶지는 않을 뿐이다. 그러다 보니 좋은 모습들만 보이고 싶어 하는 경향이 많다. 그런 사람들에게 SNS는 정말 편리한 도구이며 도피처가 될 수 있다. 괜찮지 않은 실제의 모습을 가려주는 동시에 대리행복이라는 보너스까지 선사한다. 사람들과 직접 만나 웃고 떠들기보다 가만히 앉아서 컴퓨터와 일하고, 이동 중에는 스마트폰에 빠져 지내는 시간이 증가하다보면 나도 모르게 SNS로 외로움을 견디는 생활에 익숙해지면서 가상세계와 현실세계의 구분이 모호해지는 것이다.

그럴수록 자신의 실제 삶과 SNS에 올리는 '보정된 이미지' 사이에서 느끼는 생경스러움은 더욱 커질 수밖에 없으며, 특히 다른 사람들이 올린 이미지와 자신을 비교할수록 거리감이 더욱 늘어날 수 있다. 이로 인한 공허감이 우리 안에 'ㄱ홍길동'을 키워내고 있지 않을까?

지금 괜찮지 않은 사람들이 정말 원하는 것은 누군가로부터의 진정한 공감이며 위로이다. 단 한 사람의 진정한 친구와 SNS에서는 할 수 없는 귓속말만으로도 그는 괜찮아질 수 있다.

물론 공감과 위로만이 괜찮지 않은 오늘과 불안한 미래에 대한 해답은 아니다. 그건 정말 당장의 고통으로 힘들어 하는 사람에게 처방하는 마취제와 같다. 그렇게 잠시 눈을 감게 한다고 현실이 달라지는 것은 아니다. 그렇다고 '무분별한 SNS 자제하기' 처럼 문제의 본질을 외면하는 단편적이고 형식적인 구호가 정답일 수는 더더욱 없다. 즉, 꿈을 실현할 수 있는 기회가 제한되는 등 개인의 꿈과 희망이 제약 받는 사회적 현실에서 단지 SNS 세상의 문제점을 개인에게 덮어씌우는 것만큼 무책임한 일은 없다.

숨 가쁘게 전개되는 시대의 격랑 앞에서 두 발에 잔뜩 힘을 주어 나를 일으키는 것은 물론, 곁에서 비틀거리는 친구를 힘껏 다독거리는 일 조차 내 몫일 수 있다. 그렇지만 지금 딛고 선 그 두 발이 곧 한 발이 되고 어쩌면 그 한 발조차 디딜 곳이 없어진다면, 우리는 현실에 결코 눈을 감아서는 안 되며 부릅뜨고 지켜보면서 이겨내야 한다. 그것이 SNS 즉, 소셜 네트워크 서비스(Social Network Service)가 원하는 진짜 사회적인 관계, 함께 만들어가야 할 행복한 사회일 것이다.

눈을 뜨고 바라보면 이제 내 안에서, 우리 안에서 서로를 힘들게 했던 'ㄱ홍길동'이 애초부터 나의 것이 아니었음을 알 수 있다. 그렇기에 어느덧 내 안에서 무럭무럭 자라는 'ㄱ홍길동'을 찾아가는 일은 더욱 흥미롭다.

관계 정리

2장

S·N·S

적이 없으면 친구도 없다

정리 1

1%의 탄생, 경쟁의 시작

 노력해도 달라지지 않는 세상

'ㄱ홍길동'은 도대체 언제부터 내 안에서 친구가 되어 살아 왔을 까?

만약 이 질문에 "그건 개인적인 문제야."라고 대답한다면, 그 사람은 마치 사과가 하늘에서 저절로 떨어진다고 생각하는 것과 같다. 사람마다 수많은 캐릭터가 형성된 원인을 선천적 혹은 후천적으로 구분할 때, 적어도 우리 안의 'ㄱ홍길동'이 생겨난 뿌리는 후천적, 즉 사회적 환경일 것이다. 물론 개인의 각각 다른 경험으로 인해 정도의 차이가 있을 수는 있다. 예컨대 자신의 이름 앞에 'ㄱ'을 붙여

서라도 다른 사람들 앞에 먼저 노출되기 원하는 적극적 'ㄱ홍길동'
이 있는 반면, 그런 마음을 드러내지 않으면서도 실제로는 훨씬 더
적극적인 사람도 있다. 전자가 소수라면 후자는 절대다수다.

그러나 누구에게라도 'ㄱ홍길동'의 마음은 그 크기만큼 우리의 행
복을 갉아먹는다. 왜냐하면, 그것은 우리의 오래된 집단주의가 만든
비교와 경쟁의 흔적이며, 부족한 내 자존감의 반증이기 때문이다.
나는 다만 나로서 존재할 수 있어야 하며, 그런 '나'와 같은 사람들
과의 평등한 관계를 통해 새로운 시너지를 만들고 함께 성장해 나갈
때 우리의 행복 또한 더욱 커질 수 있기 때문이다.

언젠가 '행복은 금요일'이라는 제목으로 인터넷에 떠도는 글을 본
적이 있다. 많은 사람이 일요일보다 금요일이 더 좋다고 느끼는 것
은 일요일은 그 다음 날인 월요일이 기다리고 있는 반면 금요일은
그 다음 날인 토요일이 기다리고 있기 때문이라면서 행복은 미래에
있다고 이야기한다.

얼핏 생각하면 맞는 말인 것 같지만 한 번 더 생각해 보면 그것처
럼 절망적인 이야기가 없다. 휴일보다 평일이 절대적으로 많은데 그
기나긴 평일은 여지없이 행복하지 않다는 뉘앙스가 있기 때문이다.
휴일에 가족과 함께 지내거나 영화, 운동, 독서, 여행, 친구들과의
수다 등으로 보내는 것도 즐겁지만, 다음날인 월요일에 학교에 가서

선생님과 친구를 만나는 것도 즐겁고 직장인이 회사에 출근하는 것도 즐겁다면 굳이 일요일이라서 행복하지 않을 이유가 없다.

따라서 '행복은 금요일'이라는 이야기로 확인할 수 있는 진실은 미래에 대한 불안이 커질수록 우리의 오늘이 행복할 수 없다는 것이 아닐까? 그렇다면 우리가 알아야 하는 것은 점점 불안이 커지는 사회에서 단지 '나의 열심'만으로는 행복할 수 없다는 사실이다. 예컨대 내가 열심히 하지 않아서 공무원시험에 떨어지는 것이 아니고 내가 흥청망청 돈을 물 쓰듯 하여 빚이 늘어난 것도 아니다. 따라서 우리의 노력도 물론 중요하지만, 그것보다 더 중요한 것은 꼬일 대로 꼬여 있는 사회적인 틀을 바꾸어 나가는 일이다.

1%만을 위한 세상에 휩쓸리지 않으려면

사실 불안의 근거는 '경쟁'이다. 경쟁 그 자체가 잘못되었다고 말하는 것이 아니다. 세계적으로 유례를 찾기 힘든 한국의 급속한 성장은 유별난 경쟁심 때문이라 해도 지나친 말은 아니다. 다만 어느 때부터인가 잔뜩 불공정해진 경쟁이 문제이다. 우리 사회의 불평등함을 대표하는 단어인 '1%'는 그 같은 불공정한 경쟁이 오랫동안 빚어낸 결과물이다. 1% 안에서도 경쟁은 거듭되어 0.1%라는 진액으로 걸러질 것이다. 공정하지 않다는 것은 우리 사회의 부정과 부패가 만연해 있기 때문이다.

우리가 지금 당장 1%가 될 수는 없겠지만, 설령 99%에 머물러 있더라도 지금보다 조금씩 더 행복해질 수 있다면, 그리고 1%의 전쟁에 멋모르고 휩쓸려 이용당한 끝에 0.1%의 전리품이 되지 않으려면 지금까지의 뼈대, 즉 잘못 짜인 사회적인 틀에서 적극적으로 벗어나려고 생각해야 하지 않을까? 그렇지 않으면 아무리 열심히 해도 조금도 나아지지 않는 삶, 오히려 끊임없는 열심만 요구받는 삶이 될 수 있다.

바로 이것이 1%에 대한 문제를 지적하는 이유다. 1%만을 위한 세상에 문제의식을 느끼지 않으면 99%를 위한 세상을 만들 수 없다. 그렇기에 1%에 대한 문제점을 말하다 보면 자연히 우리의 문제로까지 넓혀지게 될 것이다.

1%는 부익부 빈익빈(富益富 貧益貧), 즉 부자는 더욱 부자가 되고 가난한 사람은 더욱 가난해진다는 부의 편중현상을 가장 실감 나게 표현한 말이다. 그런데 이 같은 표현이 지금처럼 극단적으로 일반화된 것은 그리 오래되지 않았다.

물론 어떤 시대에도 부자가 돈을 불리기는 가난한 사람들에 비해 훨씬 쉽다. 심지어 도박판에서도 밑천 많은 사람이 이길 확률이 높다. 그러나 지금처럼 극단적인 표현이 생겨난 것은 너무 짧은 기간에 그런 현상이 가속화되고, 특히 99%에게는 '개천에 용' 나는 역전조차 불가능해졌을 정도로 부의 세습이 구조화되었다는 인식과 그에 따른 절망감 때문이다. 일반적으로는 2008년 글로벌 금융위기에서부터 부의 불균형이 급속도로 진행되었다는 것에 대체로 동감한다. 심지어 빈곤해결과 불공정무역에 대항하는 국제기구 옥스팜(OXFAM)은 2016년에 이르면 상위 1%의 부자가 나머지 99%의 자산을 모두 합친 것보다 더 많은 자산을 가질 것으로 예측했다*(CNBC 보도 뉴스핌 인용, 2015.1.20.)*.

아직 한국에서 상위 1%가 우리나라 전체 자산에서 차지하는 비율에 대해 종합적으로 조사된 자료는 없다. 그러나 자본소득, 즉 부동산이나 기업주식, 예·적금 등에서 발생하는 소득을 기준으로 부의 편중현상을 간접적으로 예측해 볼 수는 있다. 예를 들면 2012년을 기준으로 상위 1%가 전체 배당소득(기업주식을 보유한 사람이 기업이익 일부를 배분받는 소득으로 주식 및 펀드투자자가 받을 수 있다)의 72.1%(상위 10% 기준으로는 총 93.5%), 전체 이자소득(예·적금이나 각종 채권에서 발생되는 이자소득)의 44.8%(상위 10% 기준으로는 총 90.6%)를 차지하여 우리나라에서 주식과 예·적금 및 채권 등의 금융자산이 소수의 부유층에 거의 치우쳐 있음을 알 수 있다.

다만 부동산 소유에서 발생하는 임대소득에 대해 아직 공개된 내용은 없다. 국회재정위원회 소속 박원석 의원이 발표한 '부동산 100

분위 현황 보고서'에 따르면, 공시가격을 기준으로 상위 1%가 보유한 부동산총액이 하위 55.6%가 보유한 부동산총액과 맞먹을 정도라고 한다*(2014년 경향신문 기사 인용)*. 이를 참작하면 임대소득의 편중 역시 심각할 것으로 예상한다.

특히 앞으로 변화무쌍하고 불안정한 경제환경은 부의 편중현상을 더욱 증가시킬 것이다. 왜냐하면 국내외적으로 경제위기가 닥칠 때 부동산이나 예·적금 등 자산이 많은 부자는 소유자산가격의 하락으로 인해 단지 '일시적 손해'를 볼 수 있지만, 자산이 없고 설령 있더라도 빚이 함께 있는 나머지 사람들은 실직 등으로 인해 그나마 유일한 소득인 근로소득마저 끊어지면서 '모두' 잃을 수 있기 때문이며, 자칫 신용불량자로 전락하면서 '영구적 손해'에 직면할 수도 있다. 그러나 위기가 회복되면 부자는 소유자산가격이 다시 회복되는 것은 물론 다른 사람들이 빚에 쫓겨 내놓은 자산까지 모두 흡수하여 그가 잃었던 재산보다 더 많은 돈을 모을 수 있다. 반면 가난한 사람들은 다시 회복할 가능성조차 사라지면서 부의 불균형은 더욱 심해진다.

실제로 2007년 글로벌 금융위기 이후 5년간 한국에서 상위 1%가 보유한 부동산 면적은 2배로 증가했으며 소유토지의 공시가격 역시 약 399조 원에서 847조 원으로 2배 넘게 늘어났다*(참여연대 조세재정개혁센터 발표, YTN 보도 인용, 2015.4.1.)*.

일반적으로 사회나 국가의 소득 불평등 정도를 나타내는 수치인 지니계수는 0에서 1까지의 수치로 나타내며 1에 가까울수록 소득 불평등이 심하다는 것을 의미한다. 2015년 한국보건사회연구원의 '우리나라 가계 소득과 자산 분포의 특징'에 대한 보고서를 보면, 가계 단위의 실소득 지니계수는 0.4529를 기록했지만 순 자산 지니계수는 이보다 높은 0.6014로 나타났다. 지니계수가 높을수록 강도 및 폭행과 같은 사건들이 자주 발생하는 것으로 알려졌다. 특히 117개 국가를 대상으로 한 조사에서 지니계수가 높은 나라일수록 학교 내 폭력도 많다는 조사 보고도 있어 우리 아이들의 미래가 더 걱정스럽다.

행복지수 하위권, 자살률 1위의 대한민국

한국에서 부의 심각한 불균형이 본격적으로 시작된 시점은 글로벌 금융위기 이전인 1997년의 IMF, 즉 국가부도사태였다. IMF는 그 당시 어지간한 서민들의 거의 모든 재산을 휩쓸어 갔을 뿐만 아니라, 뒤이은 고금리정책 및 소비 활성화를 위해 시행한 무분별한 신용카드발급정책으로 인해 수많은 사람을 빚쟁이로 만들어버렸다. IMF에 대한 기억이 부족한 독자들은 2015년 지금의 그리스 사태와 비슷하게 상상해보면 되겠다.

그러나 정말 아이러니한 것은 그 1년 전인 1996년, 우리는 마침내 선진국이 되었다는 기쁨에 환호성을 터뜨렸다는 사실이다. 일명 부자들의 계모임이라 불리는 경제협력개발기구(OECD) 회원국이 된 것인데, 그 당시의 국력으로는 가입조건을 맞추기가 결코 쉽지 않았으나 자신의 임기 내 치적을 남기려는 당시 김영삼 대통령의 억지가 만들어낸 무리한 성과였다.

그렇게 대한민국은 기어코 OECD 회원국이 되었지만 대가는 혹독했다. 그로부터 20여 년 가까이 지난 현재, 과연 우리는 OECD의 진정한 가입조건을 맞추었을까? 정말 우리는 진정한 부자나라가 되어 있을까?

그 같은 질문에 대한 답은 〈한국이 OECD '꼴찌' 차지한 분야 9개〉라는 제목의 기사로 대신한다(허핑턴포스트, 2015.2.6.).

▲ GDP 대비 복지예산 비율(꼴찌) ▲ 국민행복지수(최하위권)
▲ 아동의 '삶의 만족도'(꼴찌) ▲ 부패지수(최하위권)
▲ 조세의 소득불평등 개선 효과(최하위권) ▲ 출산율(꼴찌)
▲ 노조조직률(최하위권) ▲ 평균 수면시간(꼴찌)
▲ 성인의 학습의지(꼴찌)

뿐만 아니라 청소년 행복지수도 6년째 꼴찌이고 특히 한국의 부패지수는 2013년 기준으로 55점이었는데 이는 OECD 34개국 평균인 68.6점에 한참 못 미치는 점수라고 한다.

물론 당당히 1위를 차지하는 분야도 있다.

▲ 자살률(1위)   ▲ 노인빈곤율(1위)
▲ '교사가 된 것을 후회' 하는 비율(1위)   ▲ 의료비의 개인부담비율(1위)
▲ 연간 평균 노동시간(2위)   ▲ 교통사고 사망률(상위권)

한국이 OECD에 가입할 그 당시 과연 우리가 그럴만한 능력이 되었는지에 대하여는 어느 정도 논란은 있다. 어쨌든 다른 회원국들이 그럴만한 자격이 있다고 인정했기 때문이다. 하지만 선진국을 가늠하는 척도인 금융과 노동 분야에서의 취약함은 숨길 수 없는 사실이었다. 예컨대 OECD 가입 후 1년 만에 IMF를 맞은 국가는 여태껏 한국이 유일했고, 노동 분야에서도 1996년 말 국회에서의 노동법 날치기통과로 인해 OECD 가입 이후 10년 동안 노동문제에 대한 정기 보고서를 제출하고 감독을 받아야 했던 유일한 국가이기도 했다.

따라서 한국의 OECD 가입은 국력의 성장에 따른 자연스러운 결과 보다는 대한민국이라는 국명 앞에 'ㄱ'을 붙여서라도 자신의 임기 내 선진국 줄에 세워놓고 싶었던 대통령의 과욕이었으며, 그로 인한 거품이 1년이 못되어 터지면서 국민을 IMF로 인한 고통의 수렁에 빠트렸다. 그 이후 20년의 성적표는 앞서 말한 대로 허핑턴포스트의 기사 내용과 같다.

비록 IMF는 우리 기억에서 서서히 사라져 가고 있지만, 그로 인한 경제적 질곡은 점점 심해지고 있다. 요컨대 IMF는 다음 그림과 같이 현재 기업소득과 개인소득 간의 심각한 불균형을 낳은 시발점이었고, 그 결과 사회 각 계층의 경제적 자유와 평등이 합법적으로 억압받게 된 계기가 되었다.

〈표 1〉은 IMF 이후 국민총소득에서 가계소득이 차지하는 비율 추이를 보여주고 있다. 한때 영국 수준까지 올랐던 가계소득비율이 IMF 이후부터 급격히 감소하여 2011년 현재 OECD 평균에도 훨씬 못 미친다는 것을 알 수 있다.

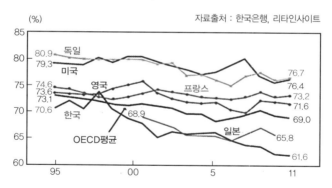

〈표 1〉 연도별 국민총소득에서 가계소득이 차지하는 비율

반면 〈표 2〉는 IMF 이후 국민총소득에서 기업소득이 차지하는 비율 추이를 보여주고 있다. IMF 직전에는 독일 수준이었던 기업소득 비율이 IMF 이후부터 급격히 증가하여 2011년 현재, OECD 평균을 훨씬 상회하고 있다는 것을 알 수 있다. 비록 신자유주의의 영향으로 인해 세계적으로 기업들의 법인세가 감소되는 경향이 있었다고는 하지만, 한국의 경우는 그 정도가 훨씬 심했다는 사실을 잘 설명하고 있다.

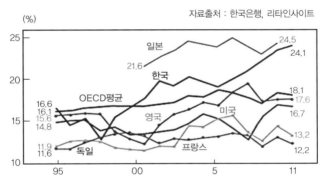

〈표 2〉 연도별 국민총소득에서 기업소득이 차지하는 비율

그 결과 〈표 3〉에서와 같이 원래 가계부채증가율을 웃돌았던 개인의 순저축율이 IMF를 기점으로 가계부채증가율 이하로 급격히 하락한 후 여태 가계부채증가율을 따라잡지 못하면서 가계재정을 빈사상태로 몰아넣고 있다(우리나라 가계저축율은 OECD 최저수준을 지속하고 있지만 2013년 기준 기업저축율은 21.5%로 OECD 1위였다.).

자료출처 : 한국은행, 리타인사이트

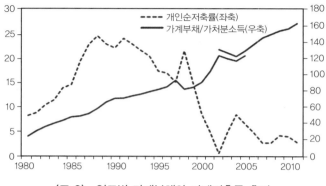

〈표 3〉 연도별 가계부채와 가계저축률 추이

　　IMF 사태 이후 20년 가까이 지난 2015년 현재, 가계부채는 1,000조 원을 훌쩍 넘어 1,100조 원으로 치닫고 있다. 특히 가계부채증가율 5.3%는 경제성장률은 물론 개인 가계의 실소득증가율보다 훨씬 높다. 청년실업은 사상 최대를 기록하고 있으며 전·월세에 내몰린 30대가 더는 버티지 못하고 빚을 내어 집을 구매하는 틈을 이용해, 건설회사들은 서울 지역 부동산 분양가를 2015년 2월 기준으로 몇 달 사이 무려 20% 가까이나 올려놓았다. 같은 기간 30대의 주택담보대출 증가율이 모든 연령층에서 가장 높게 나타났음은 당연한 현상이다.

　　지난 20여 년 동안 대부분의 사람은 살아내기에 급급한 삶을 살아왔다. 가계저축은 바닥났고 빚은 더욱 늘었다. 반면에 20대 그룹의 사내유보금은 지난 5년 동안에도 무려 80%가 늘어나 2015년 기준으로 600조 원에 이르렀다. 사람들은 일상의 소비조차 힘겨워하며 허리띠를 더욱 졸라매고 경제성장은커녕 디플레이션(소비부진으로 물가가 하락하고 경기가 침체하는 현상)에 의한 장기적인 경기불황을 걱정하고 있다. 당연히 부익부 빈익빈 현상은 더욱 빨라질 것이다. 뒤늦게 정신을 차린 정부가 임금인상을 통한 가계재정의 숨통을 틔어 달라 주문하지만, IMF 이후 지속하여온 기업친화정책으로 시장의 주도권을 쥐게 된 기업들은 여전히 모르쇠로 일관한다.

IMF는 단지 사람들의 재정에만 영향을 미친 것이 아니다. 1998년 문민정부가 들어서기까지 오랜 민주화 과정을 통해 자연스럽게 배여 있던 연대의식도 크게 균열이 갔다. 그때만 하더라도 구조조정으로 인해 직장을 떠나야만 했던 동료들을, 다행히 남게 된 직원들이 회사 문 앞까지 나와 눈물로 배웅하며 다시 만날 것을 약속하는 장면들이 많았지만 지금 그런 모습은 그 어디에서도 찾아보기 힘들다. 오히려 더욱 치열해진 생존경쟁을 자녀들에게 넘겨 주었을 뿐 아니라 그때의 두려움과 공포는 지금까지도 그들에게 피해의식으로 남아 있다.

이런 현실에서 SNS 시대를 빙자하여 진정한 공유와 상호성장을 주문하기엔 너무 염치가 없다. 그 어떤 훌륭한 플랫폼조차 일상의 하루를 살아내는 데 급급한 우리에게는 그저 비교와 경쟁의 도구로밖에 보이지 않는다. 현실에서 그렇지 못한다면 인터넷이라는 가상 공간에서라도 1%가 되어보고 싶다는 욕망이 크다. 그렇게 'ㄱ홍길동'은 지위와 계층, 성별과 나이를 막론하고 어느덧 우리의 가슴 깊숙이 똬리를 틀고 있다.

정리 2

불신의 늪 – 'ㄱ'을 감추며 사는 이유

 지금 우리의 민낯

이제 우리 사회의 지도자에 관해 이야기해 보자. 우리의 마음속에 'ㄱ홍길동'이 자라난 이유가 우리 사회의 불평등한 구조와 서민이 즐겁게 살 수 없는 불합리성 때문이기에, 소위 사회의 지도자라는 사람들에 관해 얘기하지 않을 수 없기 때문이다.

사람이라면 누구나 크고 작은 공명심이 있다. 그러나 대통령의 그것에 비할 바는 아니다. 예나 지금이나 '나라님'들의 한결같은 목표는 국민이 잘 먹고 잘 사는 것이며 이를 일컬어 '태평성대(太平聖代)'라 한다.

문제는 '태평성대'의 기준이 무엇이냐에 있다. 특히 세상이 복잡해지고 사람들의 욕구와 욕망 역시 다양해진 현대사회에서 그 기준을 찾아내기란 쉽지 않다. 이것이 바로 대통령들이 하나같이 1인당 국민소득을 내세우는 이유다. 깊이 따지지만 않는다면, 국민 1인이 연간 얼마를 번다는 식의 1인당 국민소득만큼 '태평성대'의 매력적인 기준이 없기 때문이다.

언젠가부터 한국의 대통령은 1인당 국민소득 4만 달러를 부르짖고 있다. 1달러를 대략 1,000원으로 환산할 때 4만 달러는 4,000만 원에 해당한다. 만약 4인 가족이 각각 4,000만 원씩 1년 동안 총 1억 6천만 원을 벌어들일 수 있다면 그건 정말 '태평성대'라 일컬을 수 있겠다.

물론 1인당 국민소득은 한낱 '평균'에 불과하므로 갈수록 부의 편중현상이 심해지는 한, 그것이 모든 국민이 태평한 기준이 될 수는 없다. 자칫 1% 혹은 10%에게만 태평한 나라가 될 수 있다.

즉, 1인당 국민소득은 국민의 행복과 안녕을 나타낼 수 있는 지표가 아니다. 왜냐하면 중진국에서 선진국으로 올라서기 위한 마지막 관문은 결코 경제성장이 아니기 때문이다. 다음의 표를 보자. 이 표는 나라별 부패지수와 1인당 국민소득과의 상관관계를 나타내고 있다.

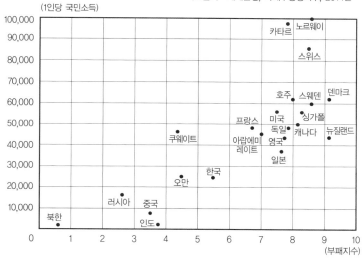

〈표〉 국가별 부패지수와 1인당 국민소득의 상관관계

이 〈표〉의 좌측 아랫부분에 주로 위치한 국가들은 선진국에 이르지 못한 후진국 혹은 중진국 그룹들이며 우측 윗부분에 주로 위치한 국가들은 선진국 그룹들이다. 여기서 부패인식지수는 숫자가 높을수록 그만큼 투명한 국가를 뜻하며 10점 만점으로 하는데, 대부분 선진국의 경우 7 이상에 있다. 반대로 후진국들은 한결같이 부패 정도가 높다. 즉, 부패할수록 선진국이 되기 어렵다는 뜻이다. 말하자면 우리가 선진국이 되려면 부패지수를 적어도 7 이상 끌어올려야 한다는 뜻이다. 그렇다면 2014년 1인당 국민소득 2만 5천 달러 수준인 대한민국은 과연 어디에 있을까?

　국제투명성 대책기구가 발표한 자료에 따르면 2014년 한국의 부패지수는 5.5로 OECD 32개국 가운데 27위를 기록했으며, 특히 2005년 5.0에 도달한 이후 무려 10년 가까이 지나오는 동안 나아진 수치는 0.5에 불과했다. 더욱 놀라운 것은 2009년에 5.5를 기록한 이후 5년 동안 한국의 부패지수는 한 발짝도 개선되지 못하고 있다는 사실이다. 참고로 OECD 평균 부패지수는 6.86으로 우리보다 한참 높다. 그렇다면 부패 정도를 개선하는 것이 선진국으로 진입하는 마지막 관문이라고 말하는 실질적인 이유는 무엇일까?

　대부분 중진국은 고성장의 후유증을 앓게 되며 한국 역시 예외는 아니다. 특히 우리처럼 수출주도형 경제구조인 경우에는 다른 후진국들의 성장과 기존 선진국 간의 틈바구니에서 더욱 심각한 후유증에 시달릴 수 있으며, 2015년 현재 예측되는 장기 저성장은 그 같은 현상의 결과이다.

 '신뢰' 없으면 진짜 성장도 없다

　그렇다면 경제성장 없이 1인당 국민소득 4만 달러는 어떻게 달성해야 할까? 먼저 정부를 비롯한 행정·사법·국방·교육·안전 등의 공적 기관에서부터 부정과 부패를 줄이고 투명성을 높여야 한다. 그 결과 신뢰비용이 줄어들면 실질소득이 다음과 같이 증가할 수 있다.

가격 100원 − 양성적 비용 80원 − 음성적 비용 10원 = 이익 10원

가격 100원 − 양성적 비용 80원 = 이익 20원(신뢰비용을 줄여 이익을 높일
수 있다)

● 여기서 양성적 비용이란 정상적인 기업활동과 관련되는 비용이며, 음성적
비용이란 뇌물 등 불공정한 결과를 얻기 위해 지출하는 비용이다.

일반 기업도 마찬가지다. 업무 투명성이 높을수록 실수나 오류 가
능성이 줄어들고 협력을 강화할 수 있으므로 생산성으로 나타나는
업무효율이 높아져 실질소득의 증가와 함께 전체적인 국민소득이
높아지게 된다. 또한 그렇게 높아진 생산성을 토대로 제품가격을 낮
출 수 있다면 소비자들의 실질소득은 다음과 같이 증가하게 된다.

가격 100 − 양성적 비용 70 = 30 (생산성이 높아지면 비용이 줄어들면서 이익
은 더 증가한다)

가격 90 − 양성적 비용 70 = 20

● 높아진 생산성으로 제품이나 서비스 가격을 100에서 90으로 낮추더라도
기업의 원래 이익은 20으로 줄어들지 않지만, 소비자들의 실질소득은 가
격이 낮아지는 10만큼 증가한다)

이것이 바로 선진국과 후진국의 기본적인 차이다. 부패지수 개선
없이 우리가 결코 선진국이 될 수 없는 이유다. 정치지도자들은 이

같은 진실 앞에 바로 서야 한다. 실제로 동아일보 2014년 9월 2일자 보도에 따르면 '미래세대까지 불신의 늪'이라는 제목의 기사에서 "다른 사람들을 믿을 수 있는가?"에 대한 질문에 우리나라 사람들은 100명 가운데 26명만 '그렇다'고 대답하여 스웨덴의 60명에 비해 두드러진 차이를 나타냈다. 기사에는 타인을 신뢰한다는 응답자가 10% 하락할 때 경제성장률이 0.8% 하락한다는 세계은행 조사결과도 함께 전했다.

때로는 앞의 〈표〉에서처럼 선진국 그룹 가운데서도 국민소득과 부패지수가 함께 높은 국가도 있다. 그러나 국민소득이 평균 개념임을 고려하면 대부분 그런 경우엔 부의 양극화, 즉 부익부 빈익빈 현상이 심한 국가임을 짐작할 수 있다.

최근 우리나라의 소득계층 간 양극화 현상이 갈수록 심각해지고 있다는 점을 살피면 현재 상태에서 부의 균형은 외면한 채 외형적인 경제성장에만 초점을 맞추어 나갈 때 선진국은커녕 자칫 국민소득과 부패 정도가 동시에 높은 최초의 중진국에 머물러 있을 가능성이 높다. 대통령들이 지금껏 주장하는 총량적 경제성장만으로는 선진국이 되기는커녕 부의 불균형이 더욱 가속화되면서 증가하는 사회적 갈등지수로 인해 오히려 더 큰 비용을 지불할 수밖에 없다는 이야기다.

예컨대 잊을만하면 터져 나오는 대형사고의 이면에는 언제나 그렇

듯 부정부패가 존재하며, 안전기준을 크게 벗어났음에도 불구하고
관행적인 상납관계를 바탕으로 한 묵인과 방조가 또 언제 터질지 모
를 재난과 살상을 예고하고 있다. 심지어 화재현장에서 뜨거운 불구
덩이에 뛰어들어가야 하는 소방관에게 지급되는 방화복, 전방에서
특전단 병사들이 입어야 하는 방탄복조차 뇌물을 받고 불량품이 납
품되는 현실이고 보면, 우리 사회에 만연된 부패가 어느 정도인지
실감하게 된다. 지금 우리는 성장이 정체되어 성장하지 못한 것이
아니라, 이만큼의 국력에 걸맞은 신뢰가 없어 더는 성장하지 못하는
것이다.

 불신의 가장 큰 피해자, 정부

공적 기관에 만연된 부정부패는 국제투명성기구 등 전문화된 국제
단체에서만 확인되는 것은 아니다. 광고홍보컨설팅 기업을 운영하는

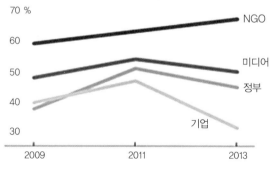

〈2013년 에델만 기관별 신뢰도〉

에델만이 발표한 〈2013년 에델만 신뢰도 지표조사〉에 따르면, 한국 정부에 대한 우리 국민의 신뢰지수는 44%에 불과했다. 신뢰지수가 50%를 넘지 못하면 불신하고 있는 것으로 분류된다(*경향신문, 2013.1.30.*).

심지어 OECD에서 가장 최근에 조사한 '한 눈에 보는 정부 2015'에 따르면 정부에 대한 우리 국민의 신뢰도는 34%로 더욱 추락했다. 그야말로 10명 가운데 7명이 정부를 불신하고 있다는 뜻이다(*한국일보, 2015.8.9.*).

이 같은 불신 때문에 가장 큰 비용을 치러야 하는 쪽은 정부다. 그 어떤 정책과 설명도 제대로 받아들여지지 않기 때문에 더 많은 시간과 비용은 물론 사회적 갈등도 증가한다. 가장 대표적인 사례를 꼽으라면 단연 천안함 폭침과 관련된 사회적 갈등이었다.

정말 북한의 소행으로 믿는다면, 그때 우리의 무능함이 너무 부끄럽다. 정부발표에 대한 시시비비는 제쳐놓더라도, 그 당시 키리졸브-독수리 한미합동군사연습이 한창이었던 사고 부근 해상에서 북한의 잠수정이 도대체 어떻게 그 삼엄한 경비를 뚫고 소리소문 없이 백령도 인근까지 침투하여 그들의 첫 번째 어뢰(1번 어뢰)로 천안함을 폭파하고 유유히 사라졌는지에 대한 설명은 전혀 없다.

또한, 왜 북한이 하필이면 한미합동군사연습으로 경비가 삼엄할 그 시점에 자칫 전쟁으로 치달을 수 있는 엄청난 위험을 무릅쓰고 그런

도발을 감행했는지에 대한 합리적 의문에 대해서도 어떤 설득력 있는 대답조차 내놓지 못했다. 그렇기에 국민 사이에서 '안 믿는다' 기보다 '믿지 않으려는' 쪽이 생겨난 것이 아닐까? 왜냐하면, 그렇게 믿기에는 우리가 너무 창피하기 때문이다.

나는 오히려 그 사건에 대한 조사가 왜 그렇게 단순하게 결론이 날 수밖에 없었을까 하는 점이 더 의문스럽다. 특히 국방부가 그 사건에 대한 책임을 물어 징계한 군 간부는 단 6명에 불과했고, 그 가운데 가장 무거운 징계가 '정직 3월'이었다는 사실 앞에선 말문이 막힌다. 정말 북한의 소행이라면 한미합동군사연습 기간에 그렇게 대책 없이 뚫리고도 그 원인조차 파악지 못한 군 지휘부가 단지 그 정도의 책임으로 어물쩍 넘어가야 할 사안인가? 이는 우리의 꽃 같은 젊음 46명의 목숨을 한순간에 앗아간 사태에도 불구하고 아무도 책임지는 사람이 없었다는 방증이며, 정부 발표에 선뜻 마음이 가지 않는 이유일 수 있다.

이후 5년이 지난 2015년, 방위사업비리 정부합동수사단이 소위 방산비리와 관련하여 밝힌 총 1,981억 원의 비리규모 가운데 무려 1,707억 원이 해군 관련 비리라는 뉴스를 접하면서 동시에 천안함이 겹치는 이유는 무엇일까?

세금정책도 마찬가지다

무려 50%를 넘나드는 유럽의 높은 세금정책이 가능한 것은 그 돈
을 다른 부당한 곳에 쓰지 않으리라는 신뢰가 있기 때문이다. 그런 믿
음이 없다면 아무도 세금을 제대로 내고 싶어 하지 않을 것이고, 조세
정책에 대한 저항이 높아지면서 세금을 쉽게 걷을 수 없을 것이다. 그
뿐만 아니라 세금부담을 둘러싼 계층 간의 갈등이 증가하여 또 다른
사회적 비용 지출이라는 악순환으로 이어질 것이다. 급격한 고령화로
인해 점점 더 많은 재정지출과 공적연금제도 등에 관한 사회적 합의
가 요구되는 우리의 현실에서 정부 등 공적 기관의 신뢰가 얼마나 중
요한지 실감할 수 있다.

심지어 가장 청렴해야 할 감사원조차 우리의 기대를 여지없이 짓밟
는다. 감사원이 2014년과 2015년, 로스쿨 출신 변호사들을 특별채용
하면서 전·현직 고위간부의 자녀들을 뽑은 것에 대한 사회적 논란이
일어났다. 그런데도 "정해진 절차에 따라 정당하게 진행했다."는 감
사원 관계자의 해명은 공적 기관 종사자들의 신뢰 수준이 얼마나 땅
에 떨어져 있는지를 느끼기에 충분하다. 그들은 도대체 무엇이 문제
인지, 국민의 인식수준과 얼마나 멀어져 있는지조차 모른다.

이처럼 우리의 삶과 일상을 뒤덮은 SNS가 끊임없이 '공유'를 요구
해도 우리가 쉽게 응하기 힘든 이유는, 공유란 먼저 내 것을 내어놓는

일인데 그것이 불신의 벽에 가로막혀 있기 때문이다. 예컨대 나와 내 가족이 살아가는데 꼭 필요한 공공의 이익을 위해 사용될 세금조차 흔쾌히 내어놓기 힘든 사회에서, 개인에게 진정한 공유와 협력을 기대한다는 것 자체가 모순일 수밖에 없다. 우리 안에 'ㄱ홍길동'이 자라나고 무의미한 공유를 반복하며 진정한 협력을 꾀하지 못하는 이유에는, 바로 이러한 배경이 깔려 있었기 때문이다. 비록 'ㄱ홍길동'은 개인 속에서 자라났지만, 탄생할 수 있도록 만든 것은 사회인 것이다.

정리 3

가능하면 좋은 말만? 좋은 것이 다 좋진 않다

 노력 커지고 보상은 줄어든다

결과적으로 잘못 짜여 있는 사회적인 틀은 '정치에 가장 민감한 나라' 혹은 '정치에 가장 무관심한 나라' 라는 양극단의 전혀 다른 평가를 만들었다. 이런 모순된 현상은 과연 무엇이 '정치적' 인지 아닌지에 대한 판단능력을 상실한 것에서 비롯된다. 무슨 의미인지 예를 들어 설명하겠다.

"대학을 졸업시키고 그 뒤 3년씩이나 또 공부시켰는데 어떻게 말단 공무원시험 하나 못 붙어? 말이 된다고 생각해? 그래서 선언했어. 딱 올해까지만 도와줄 테니 알아서 하라고."

연초에 만났던 친척 형이 내게 하소연하듯 했던 이 말은 과연 정치적인 것일까? 별로 그렇게 느껴지지 않을 것이다. 그렇다면 이런 이야기는 어떨까?

"도대체 어찌 된 나라가 대학을 졸업하고 3년씩이나 공부시켰는데도 들어갈 직장 하나 없어? 그게 말이 된다고 생각해? 투표를 잘못했다는 생각이 들어. 딱 올해까지만 지켜보고 내년부터는 다른 당 찍을 거야."

같은 상황에서도 표현에 따라 전혀 다르게 느껴질 수 있다. 대학 졸업 후 3년 동안이나 취직을 못 하고 있는 것은 개인의 문제일 수도 있지만, 사회적 문제로도 접근할 수 있다. 이것은 사과와 사과나무와의 관계와도 같다. 즉, 우리가 정치와 전혀 관계없다고 생각하는 것들이 사실은 모두 정치적인 것들에 뿌리를 두고 있다. 그러니 살아가는 모든 것들은 정치적일 수밖에 없다.

물론 아무리 경쟁이 치열하더라도 취업에 성공하는 사람은 있고, 그렇게 보면 떨어지는 사람들은 합격한 사람들에 비해 노력이 부족했다고 생각할 수 있다. 그러나 본질적인 문제는 점점 더 많은 노력을 요구받으면서도 돌아오는 보상은 더 낮아진다는 것이다. 보편적 노력으로 얻을 수 있는 행복은 보편적이어야 하는데, 갈수록 보편적 노력으로 얻을 수 있는 행복이 없다. 정말 사회가 올바르다면 살아갈수록 조금씩 나아져야 하는데 전혀 그렇지 못한 셈이다.

이런 현상은 점점 우리 사회 전체를 뒤덮는 공포로 다가온다. 예컨대 더 많은 시간을 일하는데도 살림살이가 나아지기는커녕 빚만 더 늘어나면서 2014년 말 우리나라 총 가계부채 규모는 1,089조 원으로 1년 사이에 거의 7% 가까이 증가했다. 경제성장률은 잘해야 2~3%인데 부채는 그 몇 배로 늘어나는 셈이다.

고용노동부가 발표한 '사업체노동력조사결과'에 따르면 2014년 우리나라 근로자 1인당 월평균 근로시간은 180.1시간으로 1년 전보다 5.5시간 증가했다. OECD 국가들 가운데는 세계 2위일 정도로 대표적인 장시간 노동국가이다. 또한 비정규직, 그 가운데 특히 열악한 시간제 근로자들의 56%는 비자발적 근로자, 즉 원하는 일자리가 없어 어쩔 수 없이 시간제 근로를 선택한 사람들로 그 비율 역시 세계 2위일 정도로 높다.

물론 2008년 금융위기 이후 이런 현상은 일부 다른 국가에서도 나타나고 있지만, OECD 평균인 16.9%에 비하면 턱없이 높다. 그리고 우리와 비슷한 비율을 나타내고 있는 국가들이 글로벌 금융위기 당시 취약국가로 꼽혔던 PIGS(포르투갈, 이탈리아, 그리스, 스페인) 정도임을 고려하면 우리 형편이 어떤 수준인지 쉽게 짐작할 수 있다.

그러나 그런 나라들조차 비자발적 시간제 근로 선택비율이 금융위기 이후부터 높아졌던 데 반해, 우리는 이미 2006년 52.9%로, 50%

비율을 넘어섰기 때문에 결코 같은 현상으로 치부할 수도 없다. 즉, 우리 경제구조는 오래전부터 근본적이고 고질적인 불균형이 문제의 원인이다(*문화일보, '非자발적 시간제 56%, OECD평균의 3배' 기사 인용, 2014.1.14.*).

문제는 정치였다

"It's the economy, stupid!"(문제는 경제야, 이 바보야!)

1992년, 빌 클린턴 미국 대통령이 당선될 때 내세웠던 캐치프레이즈이다. 그때의 경쟁 상대는 '강한 미국'을 통한 자존심 회복을 주장했던 부시 전 미국 대통령이었지만, 걸프전쟁 등 부시가 저지른 전쟁 후유증으로 인해 경제침체에 시달렸던 미국인들에게 클린턴의 그 한 마디는 문제의 핵심을 정확하게 짚어주었던 훌륭한 사례로 남아 있다.

이명박 대통령도 그런 캐치프레이즈를 앞세워 당선되었다. 당시 유행했던 인사말이 '부자 됩시다.'였을 정도로 그때의 모든 문제는 경제로 통했다. 그리고 2015년 오늘, 우리는 여전히 '문제가 경제다.'라는 생각에서 벗어나지 못하고 있다. 그런데 그와 반대로 이렇게 말한 사람도 있다.

"Stupid, It's the politics."(바보야, 문제는 정치야!)

이런 말을 한 사람이 '문제는 경제'라는 구호로 대통령에 당선된 클린턴의 자문위원장이었던 '스티글리츠'란 사실이 놀랍다. 그는 노벨상까지 받은 저명한 경제학자다. 자, 그렇다면 경제가 문제일까? 정치가 문제일까?

1980년대 가장 급하게 성장했던 경제 분야를 꼽으라면 단연 영화산업이었는데, 특히 에로영화의 전성기였기도 했다. 또한, 프로야구 출범 등 스포츠 관련 산업이 도약하게 된 계기도 그 무렵이었다. 그런 현상이 소위 3S, 즉 스포츠(Sports), 스크린(Screen), 섹스(Sex)를 앞세워 그 당시 군부독재정권에 대한 사람들의 반감을 누그러뜨리기 위해 고도로 기획된 결과였다면 그것은 과연 정치일까? 경제일까? 정치와 경제는 정말 별개의 영역일까?

우리에게 실제 일어났던 경제정책들이 시행되는 과정을 통해 그 둘의 관계를 좀 더 쉽게 들여다보자.

<상황 1>

2014년 7월 16일 - 박근혜 정부의 경제정책공약인 474비전(성장률 4%, 고용률 7%, 1인당 국민소득 4만 불)의 달성이 곤란해지면서 긴급소방수로 투입된 최경환 경제부총리가 부동산담보대출 조건을 대폭 완화하여 이른바, '빚내서 집사라'는 식의 인위적 부동산부양조치 발표.

2014년 10월 19일 - 기획재정부, 기업들의 임금상승을 유도하기 위해 2015년도 공공기관 직원 임금인상율을 2012년 이래 최고치인 3.8% 적용 검토.

2014년 12월 31일 – 주택거래량 8년 만에 최대치 기록. 집값 상승 및 주택공급 폭증. 신규주택분양시장 활기. 1순위 청약마감 1년 새 두 배 가까이 증가.

2015년 1월 13일 – 국토교통부, 규제완화와 건설회사의 수익성을 보장하는 기업형 임대주택정책 발표. 그린벨트를 풀어 좋은 부지도 제공하고 주택기금을 통해 돈도 싸게 빌려주겠다는 것. 또한 1월 27일 공공기관인 대한주택보증을 통해 은행의 손실을 일부 보전해 주는 수익공유형 모기지 정책까지 발표.

2015년 3월 1일 – 전월세대란에 내몰린 돈 없는 서민들의 주택담보대출 8배 폭증, 30대 증가율 최고. 이 때를 틈탄 건설회사는 서울시내 아파트 평균 분양가격을 17.7% 대폭 인상.

2015년 2월 27일 – 2014년 기준 영업이익 25조 원을 달성하고 금고에 쌓아둔 내부유보금이 168조 원(2015년 9월 말 기준)씩이나 되는 삼성전자 임금동결선언.

2015년 3월 4일 – 최경환 부총리, 최저임금 인상 등 근로자임금 상승을 통한 소득주도성장 발언.

2015년 3월 5일 – 중소기업들이 훨씬 많은 한국경영자총협회, 4천 여 회원기업들에게 "임금을 올릴 경우 최대 1.6% 범위 내에서 인상하라"고 권고. 대기업에 비해 상대적으로 열악한 중소기업을 앞세워 정부의 요구를 정면으로 거부.

2015년 3월 12일 – 이완구 총리, 예고 없는 대국민담화문을 발표, 부패와의 전쟁 선언 후 그 이튿날인 3월 13일, 서울중앙지검 특수부에서 포스코에 대한 전격적인 압수수색.

〈상황 2〉

(아래의 내용은 상황 1의 사실을 토대로 하여 가상으로 청와대와 대기업 간의 '줄다리기'를 구성해 본 것이다.)

2014년 7월 16일

청와대 : "경제를 살리려면 아무래도 기업들이 임금인상은 물론 투자와 고용을 늘려야 되지 않겠어요? 좀 도와주세요."

대기업 : "물론 도와드려야지요. 우리도 당연히 그렇게 하고 싶지요. 대통령께서 공약으로 내건 474비전이 달성되면 우리도 좋지요. 그런데 현실적으로는 그게 쉽지 않아요. 전국에 깔려있는 미분양주택이 얼마나 많아요. 돈이 거기에 다 물려 있다니까요?"

청와대 : "좋아요, 그럼 이번이 마지막입니다. 사실 우리도 부동산경기를 활성화시키는 게 쉽지 않아요. 폭탄돌리기란 말도 나오고 인위적 부동산부양에 따른 후유증은 물론 그로 인해 치솟을 가계부채도 걱정입니다. 그래도 우선 전월세대란에 쫓기는 젊은 세대들이 쉽게 빚을 낼 수 있도록 부동산담보대출 조건을 대폭 완화하도록 하지요. 그러나 이번이 정말 마지막입니다."

청와대 : "역시 예측했던 대로야, 빚내기가 쉬워지니 사람들이 집을 사잖아. 나중 문제는 그때 가서 생각하면 돼. 우린 어차피 몇 년 안 남았어. 그러니 지금 당장이 중요하다고."

대기업 : "사람들이 은행에서 빚을 내어 막 몰려오네? 이때를 놓쳐선 안 돼. 미분양아파트뿐만 아니라 미뤄두었던 신규분양도 모두 쏟아 부어."

청와대 : "아니, 너무 하는 거 아냐? 미분양을 털어 내겠다더니 한술 더 떠 신규분양까지? 이러다간 가계부채가 큰일 나겠는데? 대신 월급이라도 올려달라고 해야겠어. 일단 우리가 먼저 공공기관 임금을 최고로 올려 기업들에게 신호를 주자고. 기업들이 이만큼 해 먹었으면 조금이라도

토해낼거야."

대기업 : "그래도 아직은 아니야. 신규물량까지 다 털어내야 해. 월급을 쉽게 올릴 수는 없어. 솔직히 정부가 빚내서 집사라는 것은 우리 때문이 아니라 전월세대란 때문에 민심이 끓어오르니 그런 거지. 그건 순전히 정치적인 거야. 일단 월급올리는 건 힘들다고 해 봐, 한번 떠보자고."

청와대 : "아니, 약속이 틀리잖아, 빠진 독에 물붓기도 정도가 있지 이건 아니야. 30대들까지 빚 구덩이에 내몰리고 있다고."

대기업 : "아직 쉽게 타협하면 안 돼. 가계부채가 이렇게 많은데 우리가 월급 올린다고 해결되겠어? 괜히 우리 금고만 줄어들지. 어쨌든 버틸 때 까진 버텨보자고."

청와대 : "이것들을 그냥…. 그래도 돈이 기업들 금고에 다 있으니 어쩐 다…. 20대 그룹만 해도 해마다 벌어들인 돈을 쌓아둔 것이 600조 원이 넘어. 대한민국 1년 예산이야. 그동안 기업들을 키워도 너무 키웠어. 이젠 말을 안 듣잖아. 할 수 없지. 마지막으로 한 번 더 당근을 주자고. 규제도 더 완화하고 돈도 되는 정책을 만들어봐. 이젠 정말 마지막 카드야."

대기업 : "기업형 임대주택이나 수익 공유형 모기지 정책이 나쁘진 않지만 당장에 돈이 생기는 건 아니잖아. 그것 때문에 월급을 올려줄 수는 없어. 우린 아직도 배가 고프거든. 차라리 좀 더 강력하게 우리 생각을 밝힐 필요가 있겠어. 아무래도 삼성이 먼저 나서는 것이 좋겠지? 월급 못 올려준다고. 아무도 삼성은 못 건드리잖아? 지배구조승계도 다 끝났으니 답답할 것도 없고."

청와대 : "뭐? 삼성이 임금동결을 선언했어? 아니, 어떻게 그럴 수가 있어? 불법적인 지배구조승계도 모른 체 했는데…. 제일모직, 삼성SDS 상장으로 2세들이 벌어들인 부당이득이 얼만데, 이러면 한번 해 보겠다는 거 아니야? 좋아, 그럼 우리도 마지막 선전포고하자고. 완전 뒤통수 맞

있어. 더 이상은 못 참지."

대기업 : "어제 최경환 부총리 발언 들었어? 우리를 어떻게 보고 그런 말을 해? 대체 누구 덕에 정권 잡았는데? 몇 년 지나면 바뀔 권력으로 정말 한 번 해 보겠다는 거야? 일단 우리 대신 중소기업을 내세워보자고. 우리한테 밉보이면 안되니까 시키는 대로 할거야."

청와대 : "아니, 자기들 금고 조금 열어 달랬더니 배고픈 중소기업을 앞장세워? 대기업들이 언제부터 중소기업 챙겼다고? 이젠 도저히 다른 방법이 없어. 몇 년 지나면 바뀔 권력? 그래 한 번 해 보자고. 몇 년 지나면 바뀔 권력이 어떻게 하는지. 자, 그동안 준비했던 자료들을 끄집어 내 봐. 이제부턴 전쟁이야."

앞서 밝힌 것처럼 위의 청와대와 대기업의 생각은 일련의 상황을 바탕으로 가상의 상황을 구성해 본 것이다. 위의 가상 상황은 기업들이 정부의 요구에 따르지 않는다고 해서 없는 죄를 뒤집어씌워 조사한다는 뜻은 아니다. 또한 부정부패에 대한 우리 대통령들의 의지는 언제나 단호했다.

가상 상황을 통해 말하고자 하는 것은, 부정부패를 적발할 때의 칼날은 매서운데 이상하게도 그 마무리가 시원스럽지 않을 때가 많다는 것이다. 예컨대, 역대 정권부터 지금까지 봤을 때, 대체로 집권 3년 차에 이르면 대대적인 사정의 칼날을 휘둘러왔다. 5년제 단임대통령제도에서 집권 3년 차는 이완될 수 있는 국정을 다잡고 남은 임기에 대한 긴장을 높여 집권 후반기 권력 누수 현상을 예방하기에 적절한 시점이다. 그런데도 부정부패가 사라지지 않는다는 것은 참 이상한 일이다. 아니, 어쩌면 그때마다 아예 뿌리를 뽑지 않고 뭔가 미지근하게 남겨둔다는 생각마저 든다. 꼭 나만 그렇게 느낄까?

선진국에서는 우리처럼 시즌을 정해두고 '대대적인 사정'을 하는 경우는 거의 없다. 부정과 비리가 있다면 그때그때 관련 조사 당국에서 스스로 독립된 판단에 따라 조사를 진행하고 그 결과에 대한 책임소재를 엄격하게 따져 처벌한다. 우리처럼 차곡차곡 쌓아두었다가 '대대적인 사정'을 하는 국가들은 대부분 정치적 불안정성이 높은 페루, 아르헨티나, 브라질 등 중남미 국가나 이탈리아, 러시아 등 부패의 뿌리가 구조화된 일부 국가들이 사용하는 방식이다.

그런 방식의 부패 척결은 부정과 비리를 적발하고서도 정치적 이해관계에 따라 그냥 넘어가거나 대충 지나치는 경우도 많다. 그러다 보니 부정의 당사자는 부정을 저지르고도 일종의 '거래'로 생각할 뿐 죄의식이 없고 '표적수사'라는 말이 당연시 된다. 국민은 적발된 부정의 당사자가 무사하거나 솜방망이 처벌을 받는 모습을 거듭 지켜보면서 부정부패에 대한 감각이 무뎌진다. 권력과 정치를 웃음거리로 만든 '성완종 리스트'라는 것도 그래서 생겨난 게 아닐까.

정치가 바로 서야 경제도 산다

어찌 되었든 경제에 대한 평가가 곧 정치력에 대한 평가로 동일시된 시장자본주의 국가에서 그 둘은 딱히 구분하기 힘들 뿐만 아니라 구태여 구분할 이유조차 없다. 그러니 굳이 정치적인 이야기가 따로 있을 수가 없다. 경제가 곧 정치이며 정치가 곧 경제이기 때문이다. 다만, 상호 견제를 통한 적절한 균형은 필요하다.

특히 애덤 스미스의 '보이지 않는 손'처럼 정치와 경제는 기본적으로는 국민의 선택이라는 각종 선거제도를 통해 균형이 이루어진다. 예컨대, 대통령이 정치를 잘하지 못해 경제가 힘들다고 생각되면 국회의원선거에서 야당을 찍는 사람들이 많아진다. 또 대통령을 중심으로 한 정부가 기업이나 시장에 영향을 미치는 정책 등으로 경제의 균형을 조절하기도 한다. 그러나 정치와 경제, 권력과 기업 등의 관계에서 힘이 어느 한쪽에 과도하게 쏠린 상태에서는 그런 개입자체가 오히려 불균형을 더욱 크게 만들고 더 심각한 후유증을 초래할 수도 있다.

2015년 1, 2월 상황을 보자.

주택수요가 폭발적으로 늘어나면서 수도권 2월 신규분양아파트가 전월 대비 122.6% 급증했고, 3월 신규분양물량 역시 2000년 이후 최고치를 기록했다. 그 덕분에 아파트 모델하우스 공사와 관련된 일을 하고 있는 내 지인은 예전에는 1년에 5개 정도 했다던 모델하우스 공사를 불과 두 달 동안에만 13개씩이나 했다면서 즐거운 비명을 질렀다. 시중은행 주택담보대출액이 30대를 중심으로 1년 전 같은 기간에 비해 8배나 폭증하고 현금 없는 베이비붐 세대의 은퇴가 시작되면서 팔아야 할 아파트는 남아도는데, 전세대란에 쫓긴 사람들이 울며 겨자 먹기로 신규아파트 구매를 선택하면서 서울 시내 신규아파트 평균분양가격은 1년 전보다 17.7%나 올랐다. 참고로 2014년 건강보험 가입직장인 급여인상률이 평균 2.6%, 경제성장률이 3.3%에 불과했다. 더구나 이미 1,000조 원을 넘어선 가계부채는 해마다 매년 7% 가까이 급증하고 그 가운데 주택 관련 부채가 55.3%를 차지하는 현실을 고려할 때 이 모든 상황은 전혀 정상적이지도 그리고 경제적이지도 않다. 특히 미래소득이 불안정한 30대 등을 비롯하여 금리 인상 및 경제변화에 따라 큰 후유증을 발생할 수도 있지만, 이미 힘의 균형이 깨어져 버린 정부와 기업은 집 없는 서민을 사이에 두고 폭탄 돌리기에 급급하다.

권력은 이미 기업에 넘어갔으며 정치는 정권을 잡는 것에만 골몰하고 있다. 그렇다면 이 같은 경제적 불평등의 시대에 정치를 이야기하는 것은 곧 경제를 이야기하는 것과 같다. 요컨대 정치가 바로서지 않고는 경제가 바로 설 수 없기 때문이다. 경제적 불평등을 바로잡을 수 있는 건 오직 정치뿐이다.

그런데도 'ㄱ홍길동'을 이미 마음속에 키우고 있는 사람들은 정치로부터 멀어지려 한다. '골치 아픈 정치 이야기는 하지 맙시다', '먹고 사는 데 별로 상관도 없는 정치 얘기 뭐 하려고 합니까?' 하고 말하는 사람들은 정치에 초연한 사람이 아니라, 이미 세뇌당한 사람들이다. 이미 정치권력과 경제권력이 짜놓은 프레임에 길든 탓이다. 이제는 시장에서의 권력을 행사할 수 없게 된 정치가 경제와 정치를 분리하여 정권을 잡으려는 전략에 말려든 것이다. 그런 사람들은 또 이런 말도 한다. "가능하면 좋은 말만 합시다."

그런데 좋은 게 다 좋은 것은 아니다. 그러는 사이 괜찮지 않은 사람들이 더욱더 많아지고 좋은 말만 하는 사람도 사라질 수 있다. 우리가 무작정 'ㄱ'을 마음에 품고 살아갈 수 없는 이유다.

정리 4

내 통장을 갉아먹는 우리 안의 'ㄱ홍길동'

 무한불신시대, 비용을 낳다

그렇게 '사회'의 문제들은 고스란히 '개인'으로 이전된다.

현대경제연구원이 2014년 5월 25일 발표한 사회적 신뢰지수는 OECD 32개국 가운데 최하위인 29위였으며 특히 친척, 친구에 대한 신뢰(31위)가 타인에 대한 신뢰(22위)보다 순위가 훨씬 낮았다. 오랜 시간 동안 형성되어 왔던 관계로 인해 서로에 대한 속사정을 잘 알고 있는 친척이나 친구들보다 타인, 예컨대 직접 만난 적은 없지만 SNS 등을 통해 쉽고 빠르게 맺어진 사람들을 더 신뢰한다는 것은 우리 사회 전반적으로 얼마나 불신의 풍조가 만연되어 있는지를 알 수 있다. 이는 정부 및 기업들로부터 비롯된 불신이 개인의 삶 및 관계로까지 영향을 끼친다는 사실을 나타내는 것으로 공적 관계의 부패가 해결되지 않고서는 사적 관계의 불신 또한 결코 나아질 수 없다는 사실을 잘 설명하고 있다. 불신은 이처럼 사람들의 일상에 자연스럽게 스며들어 우리 모두를 가두어버렸다.

신뢰할 수 없다는 것은 실로 큰 비용을 초래한다. 예컨대 식당의 모든 음식에는 원산지 표기가 붙어 있지만 가끔 원산지를 속인 식당을 적발했다는 뉴스를 몇 번씩 보다 보면 어느덧 식당의 모든 원산지 표기가 다 가짜라는 의심이 일반화된다. 밥을 사 먹더라도 조금씩은 꺼림칙한 기분으로 먹게 된다. 비싼 식당들은 사람들의 그런 불편한 심리를 이용하여 가격을 올리고 '싼 게 비지떡, 비싼 것은 뭔가 달라도 달라'와 같은 선전으로 유혹하여 사람들의 지갑을 얇게 만든다.

음식뿐만 아니다. 흔히들 메이커라 부르는 제품들의 성능이 알려지지 않은 다른 업체 제품들보다 오히려 크게 떨어진다는 뉴스가 자주 등장하고, 특히 수입제품들의 가격은 판매상들의 구매원가에 비해 턱없이 비싸지만 그래도 장사가 되는 이유가 그 때문이다.

신뢰비용은 주로 말과 행동이 다를 때, 배운 것과 현실이 다를 때 발생한다. 사람들의 살림살이를 어렵게 만든 주범 가운데 하나인 과

다한 사교육비 역시 신뢰비용이다. 교과서에 나와 있는 진도대로 가르치고 배워야 하는데 그렇게 해서는 남들보다 성적이 떨어진다. 3학년 때 배우게 되어 있는 내용을 1, 2학년 때 학원에서 미리 배운다. 교과 내용에는 분명히 같은 학년 같은 시간에 같은 내용을 같이 배우게 되어 있는데, 그렇게 믿다가는 원하는 대학에 합격할 수 없다.

분명 달리기 시합에서 모든 선수가 '땅' 하는 출발신호에 맞춰 동시에 뛰어나가게 되어 있는데, 누군가 슬쩍 한 걸음, 아니 수십 수백 걸음 먼저 나가 있어도 아무런 벌칙이 없다. 학생이 선생님을 믿지 못하고 학부모가 교육청을 믿지 못하며 친구가 친구를 믿지 못하니 학원들만 돈을 번다. 그런데도 그게 반칙이 아니고 정상으로 취급받기에 어쩔 수 없이 우리의 지갑만 얇아진다.

무상급식도 국가에 대한 아이들의 신뢰 측면에서 생각할 필요가 있다. 무상급식에 대한 타당성 여부를 떠나 정치권의 정략에 따라 그 실시와 중단이 반복되는 과정에서 자라나는 아이들이 국가에 대해 어떤 생각을 가질지 답답하기만 하다. 앞서 동아일보의 '미래세대까지 불신의 늪'이라는 제목의 기사를 다시 인용하면, 서울 시내 중고등학생 129명에게 "한국 사회를 신뢰하느냐?"고 물었더니 신뢰한다고 응답한 학생은 단 16명(12.4%)에 그쳤다고 한다.

더 안타까운 사실은 학교에서 선생님이 가르치는 내용이나 교과서에 쓰여 있는 것들이 현실과는 너무 동떨어져 있다. 학교에서는 분명 자유와 정의와 평등의 가치를 배웠는데, 막상 세상에 나와 보니 자유롭지도 정의롭지도 평등하지도 않다. 내가 좋아하는 일을 자유롭게 하다가는 결혼조차 할 수 없고 분명 똑같은 일을 하는데도 받는 돈은 전혀 평등하지 않다. 결국 각 학교를 비롯한 모든 공교육제도를 운영하는 데 쓰이는 비용조차 사실상 신뢰비용으로 낭비되고 있는 셈이다.

이럴 바에는 차라리 공교육제도를 운영하는 데 들어가는 모든 비용을 국민들에게 나누어주고, 국민이 그 돈으로 필요한 학원을 스스로 선택하도록 하는 것이 훨씬 효율적이라는 생각이 들 정도다. 그렇게 하면 적어도 학원에서 배운 것과 세상에서의 현실이 달라서 발생하는 신뢰비용은 없을 것이다.

정리 5

집단화의 유혹, 개인의 위기

 비약적 경제성장의 원동력, 집단주의

세계인들은 우리 한국인만큼 대단하고 똑똑한 사람들은 없다고 말한다. 지금 우리가 누리고 있는 문명의 혜택들만 보아도 그렇다. 인터넷 및 스마트폰 보급률, 대학진학률, 거의 제로에 가까운 문맹률, 자동차, 조선, 화학, IT 등을 포함하여 세계에서도 유례가 없을 만큼 짧은 기간에 이룬 경제성장, 민주화 등 국토의 70%가 산으로 이루어졌고 내놓을만한 자연 자원하나 없이 전쟁의 참화를 겪었으며 지금껏 지구에서 마지막 남은 분단국가로 남아있는 현실을 생각할 때, 이 모든 성취의 원인을 한국인의 탁월한 능력에서 찾을 수밖에 없다. 이런 결과들은 앞서 언급한 허핑턴포스트 보도처럼 삶의 만족도가 낮고 자살률이 높은 우리 사회의 또 다른 현실과는 대조적이다.

그렇다면 그 같이 분명하게 엇갈린 평가가 공존하는 원인은 무엇일까?

많은 사람이 그 이유를 한국인의 독특한 집단주의(개인보다 집단의 이익을 중시하는 사상) 때문으로 이야기한다. 개인을 희생해서라도 집단을 성장시켜야 한다는 생각이 강한 탓이다. 나 역시 그같은 진단에 동의한다.

한국의 비약적인 경제성장을 유럽의 그것에 비교하는 경우도 많다. 예컨대 다른 선진국들이 대부분 백 년 넘게 걸렸다는 산업화를 한국은 불과 30~40년, 그것도 민주화와 동시에 이뤄냈다고 평가를 받는데, 그 원인 가운데 하나가 곧 집단주의였다. 즉 우리와 달리 개인주의성향이 강했던 선진국들은 개인의 서로 다른 다양한 이해관계들을 오랜 시간에 걸쳐 설득하고 타협하면서 성장해왔던 반면, 우리는 누군가가 운명적 혹은 의도적으로 펼쳐 든 깃발을 향해 개인의 이해관계를 접어두고 먼저 모인 다음 그렇게 만들어진 집단 전체의 이익을 위해 개인의 모든 열정을 쏟아 부어 성장했다. 국가적으로는 이를 '전체주의'로 표현한다.

이런 집단주의의 가장 큰 장점은 그 집단이 원하는 목적을 속도감 있게 달성할 수 있다는 것이다. 짧은 시간 비약적인 경제성장이 가능했던 이유였다. 그러나 그로 인한 성장의 공정하고 고른 분배시스템이 함께 마련되지 않으면 혹독한 성장 후유증을 앓게 된다.

지금 우리가 그렇다.

이 같은 집단주의 경향을 토대로 사적(私的)으로 형성된 집단이 혈연, 지연, 학연이다. 이를 바탕으로 하여 셀 수 없이 많은 각종의 모임들이 생겨났다. 그 결과 한국은 어떤 집단에 '끼'거나 '끼지 못하는' 상태가 사회적, 정서적으로도 매우 중요하다. '왕따'도 그런 집단문화, '끼리끼리' 문화에 끼지 못하는 상태를 뜻한다.

예컨대 한국의 대형교회들은 집단주의를 통해 성장했다. 교회 건물에 걸맞은 크고 화려한 음향과 대규모 찬양단, 예배시간마다 수만 명이 한꺼번에 부르짖는 기도 소리에 빠져들면서 개인의 신앙관은 집단이 원하는(정확하게는 담임목사가 의도하는) 신앙관으로 편집되고 말았다. 성경에서 예수는 힘없고 가난한 사람들의 편이었지만 지금 교회는 세상의 기득권층을 대변하고 있는 듯 하다. 또한 숱한 거리강연으로 맞섰던 예수의 행동하는 신앙과 달리 사회의 온갖 부조리에도 그저 기도만 할 뿐 '가만히 있으라'는 목사들에 의해 심각하게 왜곡되어 있다. 그 결과 사회가 교회를 걱정하기에 이르렀다. 지금 교회는 다음과 같은 질문에 대답해야 한다.

"대형교회는 많아지는데 왜 사람들은 행복해지지 않는가?"

전체주의 국가에서는 개인이 무시된다. 예컨대 법에 정해진 근로기준법을 지키지 않더라도 대신 수출만 많이 하면 경제는 더욱 좋아지고 국민도 부자로 살 수 있다는 생각, 즉 집단 전체의 이익을 앞세워 그 구성원의 인권과 이익 및 이해관계를 '사적' 혹은 '이기적'인 것으로 치부한다. 동시에 어지간한 편법과 탈법조차 묵인 또는 방조되어왔다.

그러나 우리 사회가 집단주의로 오랫동안 개인을 희생시킨 면이 있긴 하지만, 아직도 우리에겐 희망이 있다. 한국인의 위대한 똑똑함이나 열정 때문이 아니라, 집단주의 에너지를 독일의 나치즘이나 일본의 군국주의, 이탈리아의 파시즘처럼 다른 나라와 민족을 침략하는 데 사용하지 않았기 때문이다. 쉽게 표현하면 우리는 다른 어떤 이웃에게도 부당한 피해를 주지 않았다. 정치·군사적으로도 다른 나라를 수탈하거나 침략한 일이 없을뿐더러 심지어 경제적으로도 한국 때문에 다른 국가를 힘들게 했던 역사도 없다. 늘 터지고 빼앗기면서도 우리의 집단주의에서 비롯된 열정은 우리 자신을 다시 일으켜 세우고 성장시키는 데 사용해 왔다. IMF 때 세계가 놀랐던 한국민의 금 모으기 운동이 그 대표적이다. '널리 사람을 이롭게 한다'는 우리 한국인만의 차별화된 홍익인간 정신이 집단주의 문화의 중심에 자리 잡고 있었기 때문이 아닌가 생각된다.

그러므로 한국의 집단주의는 우리 민족의 전통이며 문화이다. 따라서 그것을 '좋다', '나쁘다'의 잣대로 평가할 일은 아니다. 예를 들면 한때 기름띠로 뒤덮였던 태안반도가 언제 그랬냐는 듯 원래의 아름다운 풍광을 되찾게 된 것은 한국의 고유한 집단주의 때문이었다. 당시 각종 종교 및 학교와 사회단체들이 끊임없이 집단으로 참여하여 해안의 기름때를 닦는 데 열정을 다했다. 아마 서구의 개별주의였다면 전혀 꿈도 꾸지 못했을 일이었으며, 실제로도 민간의 순수한 참여를 통해 그 같은 기적을 이루어낸 전례는 없다.

 ## 우리 시대 새로운 패러다임, 경제적 불평등 극복

이처럼 우리나라에서 집단주의가 이뤄낸 성과는 경제적 성장뿐만이 아니다. 국가적 위기를 극복하는 데에도 탁월한 역할을 한 것은 분명하다. 그러나 한 나라에서 집단주의가 지나치게 강조되면 앞서 언급한 것처럼 개인이 희생될 수밖에 없다. 또한, 정부 차원에서 시스템으로 갖추고 해결해야 하는 부분을 개인에게 책임 지우는 상황이 발생할 수도 있다.

사람들이 모여 국가를 만들고 유지하는 이유는 궁극적으로 각 개인의 안녕과 행복을 지키기 위해서이다. 이를 위해 세금을 내고 국민의 의무를 다하는 것이다. 그런데 위기 상황이 있을 때마다 개인의 헌신과 희생으로 해결하려고 한다면 그것은 국가가 자신의 역할을 제대로 못하고 있다는 뜻이다.

따라서 지금까지는 집단주의가 다소 불가피했던 시대가 있었다 하더라도, 이제는 그로 인한 결과물인 경제적 불평등의 확산에 주목하고 부정부패를 잘라내며 개인의 사적인 이해관계를 두루 조정해야 한다. 그리하여 하루가 참 행복하다고 느끼는 사람들이 점차 많아지게 하는 것이 우리 헌법에도 명시된 홍익인간 정신과 문화에 맞는 일이다. 또한, 이는 지도자의 첫 번째 역량이어야 한다.

지금 우리는 못 먹어 배를 곯는 시대도 아니고 산업화를 위해 노동력을 착취당해야 하는 시대도 아니다. 저마다의 가치가 존중되는 바탕에서 창의력과 같은 새로운 에너지로 선진국을 향해 다시 한 번 도약해야 할 시대이다. 그리고 무엇보다 국민 개개인의 행복을 이야기해야 하는 시대이다.

그런데도 아직껏 지도자들이 '국민소득 4만 달러 달성'과 같이 전체주의적이며 시대착오적인 깃발을 치켜들 때마다 너무 저급하여 얼굴이 화끈 달아오르는 부끄러움을 느낀다. 흔히들 말하지만, 지금 한국의 정치인들은 국민 개개인들의 눈높이를 좇아오지 못하고 있다. 해외여행은 물론 IT 문화의 대중화로 인해 국민은 가만히 앉은 자리에서도 소위 글로벌 스탠다드화 되어가고 있지만, 정작 국민을 이끌어야 할 정치인들의 국민에 대한 인식수준은 개인의 자유가 박탈당했던 전체주의 산업화단계에 머물러있지 않은가 의심스러울 정도다.

SNS에서 희망을 보다

SNS는 집단주의의 부정적인 면을 극복할 수 있는 훌륭한 대안이다. 사실 내가 소셜 네트워크 서비스가 만들어가는 SNS 시대를 잔뜩 기대하는 이유는 신뢰 때문이다. SNS야말로 집단주의로 인한 문제들을 잘 극복하면서 관계에 대한 새로운 패러다임을 만들 수 있는 좋은 도구이다.

현실사회에서는 경제적 불평등이 만연하고, 신계급주의 시대가 도래 했다고 할 만큼 부의 대물림이 가속화되고 있다. 그러나 SNS 공간에서만큼은 '계급장 떼고' 대등한 관계에서 소통할 수 있다. 누구든, 언제 어디서, 어떤 이야기든 상관없이 내 생각을 알릴 수 있을 뿐만 아니라, 1등 주의 성적문화에 치어 팽개쳐 두었던 다양한 재능들을 쉴 새 없이 쏟아낼 수도 있다. SNS 시대는 그동안 개인을 매몰시키고 전체주의적 가치를 앞세워 성장해왔던 한국이 그로 인해 어쩔 수 없이 생겨난 후유증들을 극복하고 저마다의 행복을 스스로 찾아갈 수 있는 대안적 시대이다.

그렇기에 SNS에 깃드는 집단주의를 경계해야 한다. 톡톡 튀는 이야기와 이미지로 다른 사람들로부터 주목을 받을 수는 있지만, 너무 지나칠 때 자칫 집단주의적 영웅 심리에 쫓길 수 있다. 어떻게든 다른 사람보다 앞서려는 생각 또한 경쟁과 비교라는 집단주의 동기부여방식에 사로잡힐 수 있다. 현실 세계에서는 힘을 쓸 수 없으니

SNS 세상 속에서만큼은 하고 싶은 말 다 하고 다른 이를 처단할 수도 있는 여론몰이식 마녀사냥을 일삼는 것도 주의해야 한다. 궁극적으로 우리가 추구해야 하는 것은 SNS를 바른 협력과 공유의 도구로 사용하면서 현실 사회를 변화시키는 견인차로 활용하는 것이다.

지금 우리의 SNS 세상은 자칫 집단주의의 유혹에 빠져드는 형국이다. 그렇게 되면 오히려 개인의 위기는 다시 회복되기 힘들 만큼 깊어질 수 있다. SNS가 일상에서의 관계를 더욱 편리하게 만들고 일상의 관계 역시 SNS로 인해 더욱 확장되는 순기능적인 가치에 더욱 집중해야 한다. 오랜 기간 일상화되어왔던 집단주의는 나도 모르게 잠재된 우리 안의 'ㄱ홍길동'을 키웠기 때문이다.

정리 6

막말로 뜨면 막말로 망한다

 '감정터널'이 있어야 욕설도 먹힌다

SNS는 그동안의 집단주의에 가려져 왔던 개인의 재능을 마음껏 드러내고 누구나 평등한 공간에서 스스로의 자존감을 회복할 수 있는 순기능이 있다. 그런데 이러한 SNS의 본질적 기능을 해치는 요소로 '욕설'이 있다. SNS 시대정신을 제대로 인식하지 못하는 사람들 중 상대방에 대한 원색적인 비난이나 거침없는 욕설을 앞세우는 사람들이 적지 않다.

때론 '욕지거리'도 멋있다. 그것도 제법 이름이 알려진 사람이 내뱉는 욕은 반전이다. 뿐만 아니라 동질감과 대리만족도 불러일으킨다. 단언컨대, 욕하지 않는 사람은 없다.

심리학에서는 '욕설'을 충동이 억압된 상태의 '감정적 욕구'라고 말한다. 특히 새로운 단어를 다량으로 흡수하는 사춘기에 긍정적인 어휘가 부족하면 대신 '욕'과 '성'에 관한 자극적인 단어들이 그 자리를 채우면서 화석화(무의식으로 굳어지는 것)가 되는데, 긍정적인 어휘와 부정적인 어휘의 화석화 비율에 따라 성장 과정에서의 생각과 행동이 결정된다고 한다. 그런데 이런 욕설도 목적에 따라 두 가지로 나뉜다.

하나는 도저히 다른 방법이 없고 욕이라도 해야 직성이 풀릴 때다. 민중들의 대중가요 구실을 했던 판소리에 자주 등장하는 걸쭉한 욕설이나 김홍도의 그림에 등장했던 양반, 농민 등의 익살스러운 동작이나 표정묘사 그리고 70, 80년대의 저항시, 민중가요들도 같은 구실을 했다. 그래서 욕설도 우리의 전통예술이나 문학에서 자주 사용되었던 해학과 풍자처럼 예술의 영역이기도 하다.

그런데 말하는 이와 듣는 이가 '욕설'을 통해 서로의 동질감을 확인하고 불만과 스트레스가 해소되는 대리만족이 이루어지기 위한 전제가 있다. 그것을 심리학자들은 '감정터널'이라 한다.

감정터널은 오랜 관계를 통해 서로 사랑과 신뢰가 형성되는 상태를 뜻하는데, 부모와 자식 사이, 형제자매 사이, 초등학교나 중고등학교 동기 등과 같이 오랜 친구들 사이에 형성되어 있다. 그래서 오랜만에 만나는 친구의 첫인사가 질퍽한 욕지거리인 경우에도 화내기는커녕 다른 쌍욕으로 맞받아치며 끌어안고 반가워할 수 있다. 또한 감정터널은 내가 즐겨보는 드라마에서 나의 분노감정을 욕설로 대리하는 배우와의 사이에도 만들어질 수 있다. 일반적으로 배우 김수미의 욕설이 불편하지 않고 자연스러울 뿐만 아니라 익살과 웃음의 해학 혹은 풍자로까지 느껴지는 이유가 그 때문이다.

그처럼 비록 직접 관계하진 못했지만 자주 보는 드라마나 영화에 등장하는 배우들과 감정터널이 생길 수 있는 이유는, 우리의 일상을 소재로 만들어지는 배우의 다양한 캐릭터를 우리 자신과 동일시할 수 있기 때문이다. 그 배우의 욕설이 내 마음속 이야기를 하는 것 같고 오랫동안 억압하여 왔던 충동을 대신하여 풀어주는 듯 하기에 카타르시스를 느끼는 것이다.

그런데 방송에서는 점잖은 말만 하던 유명인이 기업체 강단이나 다른 강연에서 욕지거리를 하게 되면, 그와 감정터널이 형성되어 있지 않았던 청중들이 당황하고 의아해질 수밖에 없다. 분명 다소간의 반전효과는 있다. '아, 저런 사람도 욕을 하네?' 그리고 때로는 대리만족효과도 줄 수 있다. '내 속이 다 후련하다.'

그러나 유명인의 욕설에 대한 청중의 대리만족은 그렇게 말할 수 없는 상대방이나 계층을 향한 '표현의 자유'에서 비롯되는 심리인데, 그러려면 최소한 그 유명인이 자신들과 동류의식을 가졌다는 인식이 있을 때 가능하다. 예를 들어 평소에 그가 쓴 글이나 책, 강연, SNS 등을 통해 내 편이라 싶었던 사람, 즉 최소한의 감정터널이 있는 사람이 나를 대신하여 감정을 분출할 때 제대로 된 대리만족이 가능한 셈이다.

그런데 그것도 아니었던 사람이 무대에서 쏟아내는 욕설은 한마디로 유치하고 듣는 이가 부끄러울 때가 많다. 강연자가 강단에서 욕설하는 이유는 단순하다. 강연의 힘이 약하고 콘텐츠와 진정성이 부족한 사람일수록 값싼 반전효과를 기대할 수 있는 욕설에 쉽게 유혹된다. 실제로 청중의 열광적 반응을 끌어내기도 한다.

 욕설을 부르는 시대에 사는 우리

욕설을 하는 두 번째 목적은 '인정효과'다. 전문가들은 SNS에서의 댓글 자체도 인정효과 때문이라고 말한다. 인정효과를 위해 하는 욕설의 종류는 두 가지이다.

하나는 자신을 위해 하는 욕설이다. 정말 인정받고 싶은데 다른 방법이 없을 때 욕설의 유혹을 느낀다. 실제로 욕설로 뜬 방송인들도 많다. 그러나 그가 누구든 막말로 뜬 사람은 막말로 망한다. 그렇게 뜨고 또 그렇게 망한 사람이 한둘이 아니다. SNS 시대는 모든 사람이 '지울 수 없는 일기'를 쓰게 만든다. 온라인에 올린 모든 기록은 설사 내가 삭제했다 하더라도 공유를 통해 다른 이에게 살아 있을 수 있다. 언젠가는 누군가가 그 '일기장'을 펼쳐볼 수 있다.

두 번째는 다른 사람들을 대신해서 욕을 한다. 판소리나 그림, 저항시와 저항가요 등에서 주로 사용하고 때로는 드라마 속 배우들의 대사 형태로 등장하기도 한다.

나는 설령 개인의 인정심리를 바탕으로 한다 하더라도 욕설이 일반화된 사회를 성토해야 한다고 생각한다. 예컨대, 지금 욕하고 싶지 않은 사람 어디 있을까?

언젠가부터 누군가가 만들어놓은 '정상화'의 기준을 맞추느라 정말 열심히 살아왔는데 막상 다다르니 대다수가 비정상이다. 남자라면 군대에 가야 한다지만 돈 있고 권세 있는 집안 자제들은 이래저래 다 빠지고, 대학을 안 나오면 사람 취급도 못 받는 나라에서 없는 돈 대출받고 4년 내내 아르바이트 해서 겨우 졸업하고 보니 이제 와서 취직자리 없다는 뉴스에 욕이 안 나오면 비정상이다. 수십 년을 머슴처럼 일해 오면서도 집안에선 성실한 가장, 나라에선 산업일꾼이라는 부추김에 휴일조차 반납하고 일벌레로 살아오다 나이 들어 돌아보니 돈이라곤 집 한 채, 그것도 대출인데 자식들은 실업자요, 결혼조차 못 한다니 욕이 안 나오면 비정상이다. 65세 이상 노인 가운데 두 명에 한 명꼴로 빈곤상태라는 국가에서 일만 하다 죽게 되었으니 기력이 남았을 때 질러보는 아우성이 결국 욕설이다.

물론 굳이 인정효과를 원하지 않더라도 우리가 매일매일 안고 사는 절망감, 분노, 짜증, 우울함 등 온갖 불편한 감정들을 마음속에 그대로 두면 썩어서 악취 나고 자칫 건강도 잃는다. 그래서 가끔 어디 적당한 곳에다 뱉어내는데, 그게 또한 욕설이다.

그런 이유에서 SNS는 당장에 멱살 잡힐 일도 없고 돋보이게도 할수 있으니 댓글이든 어디든 그런 욕설을 내뱉기에 더할 나위 없이 좋은 공간이다. 심지어 이미 유명인이라는 사람 가운데도 은근슬쩍 욕으로 먹고사는 사람이 있는데, 이름 앞에 'ㄱ' 하나 붙였다고 비난받을 일은 아니다. 오히려 그것조차 감추려 했던, 내 안의 'ㄱ홍길동'을 부정하려 했던 내가 도리어 욕먹어도 싸다.

그런데도 욕설을 경계해야 하는 이유는 욕설을 내뱉는 순간, 또다시 누군가에게 이용당할 수 있기 때문이다. 사람은 자기가 사용하는 단어습관에 따라 변화된다. 즉, 긍정적인 단어를 자주 사용하는 사람들이 일상생활에서도 긍정적인 결과를 얻는 확률이 높고 부정적인 단어를 자주 사용할수록 좋지 못한 결과를 초래하는 경우가 많다는 사실은 이미 수많은 연구결과를 통해 잘 알려졌다. 우리가 욕설을 퍼붓는 순간, 나도 모르게 한 걸음 퇴보할 가능성이 높다.

특히 나의 욕설이 누군가에게 이용당할 수 있다는 것도 쉽게 지나칠 일은 아니다. 예컨대, '일간베스트저장소' 처럼 욕설이나 비난을 이용하여 이익을 얻고 있는 기업도 있다. 그야말로 내 영혼을 갉아 다른 사람이 돈을 벌고 있는 셈이다.

물론 욕설을 전략적으로 사용하는 '전문가' 들도 있다. 그들은 사전에 치밀한 각본을 세워 욕설을 배치한다. 그러나 그런 사람들조차 그로 인해 곤욕을 치르는 사례를 자주 보면서 내가 남긴 한 줄의 욕설이 나를 어떤 식으로 옭아맬는지 염려하게 된다.

그런데도 도저히 참기 힘들다면 그땐 잠시 SNS에서 손을 떼어보는 것은 어떨까? 그런 다음 건물옥상에 올라가 하늘을 향해 욕설을 퍼부어보자. 이것이 오히려 내 안의 분노를 다스리는 훈련이 될 수도 있다.

책『마시멜로 이야기』는 인내할 수 있는 사람과 그렇지 못한 사람의 결과가 극명하게 달라지는 연구결과에 대한 이야기다. 그처럼 우리 안의 욕설을 처리하는 방법도 오로지 당신을 위한 것이면 좋겠다.

정리 7

"수익모델은 뭔가요?"

 1%의 자리

세상에는 돈이 되어야만 할 수 있는 일과 돈이 되지 않아도 해야 하는 일이 있다.

돈이 되어야만 할 수 있는 일은 기본적으로 사적 영역, 즉 민간 분야에 집중되어 있다. 예컨대, 가족의 생계를 위해 식당을 차리는 일은 반드시 돈이 되어야 한다. 반면 공적 영역, 즉 정부에서는 복지제도와 같이 주로 돈이 되지 않아도 해야 하는 일을 한다.

문제는 사적 영역이든 공적 영역이든 무언가를 하기 위해서는 돈이 필요하다는 점이다. 즉, 돈이 되든 되지 않든 반드시 돈은 필요하다.

사적 영역에서 필요한 돈은 기본적으로 개인의 몫이다. 그러나 그 일이 사회 전체의 이익을 확장하는 데 도움된다고 판단되면 창업자금 지원, 사회적 기업이나 협동조합 육성을 위한 재정지원 등과 같이 공적자금이 지원되기도 한다. 그런 방법을 통해 개인이 가난을 극복할 수 있다면 복지제도 지원대상자가 적어지는 것이므로, 국가적 차원에서 그만큼의 지출이 줄어들 뿐 아니라 그들이 내는 세금으로 복지에 필요한 재원이 늘어나는 일거양득의 효과가 있다.

공적 지출은 해마다 큰 폭으로 늘어난다. 경쟁에서 탈락하여 경제활동을 하기 힘들어진 사람들과 그 가족들, 고령화로 인해 더 이상의 노동력을 기대하기 힘든 노인들뿐만 아니라 문명발전과 그로 인해 누리는 문화의 보편화로 인해 국민 전체의 기대수준이 높아지기 때문이다. 그렇다면 이제 문제는 그같은 공적 지출, 즉 돈이 되지 않아도 해야 하는 일에 필요한 돈을 어떻게 마련하느냐에 있다.

물론 가장 기본적으로는 세금이다. 우리가 선진국이라 부르는 나라들의 세금이 대체로 높을 수밖에 없는 이유다. 즉, 돈이 되지 않아도 해야 하는 일을 많이 하기 때문이며, 그런 나라들이 곧 선진국이기도 하다. 그런데도 세금을 많이 내는 것에 대한 부담, 즉 조세저항이 적은 것은 정부에 대한 신뢰가 깔렸기 때문임은 앞에서 말한 바 있다. 예컨대 세금은 그것을 낼 수 있는 능력이 아니라 신뢰가 더 중요하다.

그런데 그런 선진국들조차 단지 세금만으로는 돈이 되지 않아도 해야 하는 일에 필요한 돈을 충분히 마련할 수가 없다. 알다시피 단한 푼의 세금을 거두기 위해서도 법부터 만들어야 한다. 그만큼 복잡하고 시간이 오래 걸린다. 돈을 쓸 때도 절차에 맞춰야 하니 시간이 필요하다. 그렇게 어렵게 세금을 마련해 집행해도 충분치 않다. 선진국에서는 그 부족한 돈을 주로 상위 1%의 부자들이 감당한다.

그래서 선진국이냐 아니냐의 기준은 단지 1인당 국민소득이 아니다. 먼저는 신뢰, 다음은 책임이다. 이 같은 신뢰와 책임을 지도자와 정부, 공공기관은 물론이거니와 흔히 '노블레스 오블리주' (Noblesse Oblige)로 일컫는 것처럼 성공한 개인들이 어떻게 실행하고 있느냐의 기준으로 따진다.

우리 사회의 문제점 가운데 하나로 '이익의 사유화, 손실의 사회화'를 말하는 사람들이 많다. 즉, 이익에 대해서는 개인이 소유하고 손실에 대해서는 집단이 감당케 한다는 뜻이다. 맞는 말이다.

간혹 재정적으로 실패한 사람들을 위한 신용회복제도를 이에 빗대어 비판하는 경우도 있는데 이는 잘못된 인식이다. 신용회복제도는 경제적으로 회복 불가능한 위기에 빠진 개인을 회생시켜 다시 사회의 일원으로 활동하도록 돕는 제도이다.

사실 '이익의 사유화, 손실의 사회화'로 인해 가장 큰 이익을 본

것은 개인이 아닌 기업, 특히 재벌기업집단이었다. 예컨대 대기업들은 재정적인 위험에 빠질 때마다 주로 금융기관들이 대다수인 채권단에서 출자전환(해당 기업에 빌려주었던 돈을 그 회사의 주식으로 돌리는 것) 등의 방법을 동원하여 결과적으로 엄청난 돈을 지원받아 왔다. 지원받은 자금으로 회생하여 다시 수익을 올릴 수 있게 되었을 때는 그 이익을 사회로 환원하지도 고용을 늘리지도 않았다. 수익금은 총수 일가의 주머니로 들어가거나 기업의 보유자금으로 축적되었다. 이익의 사유화이자 손실의 사회화인 것이다.

반면 대규모 구조조정으로 졸지에 직장을 잃게 된 직원들은 빚이 늘어났다. IMF 때는 직장을 잃은 사람들에게 내수경제의 활성화라는 명분을 앞세워 신용카드를 무한정 발급해 주면서 소비를 부추겼다. 덕분에 우리나라는 IMF를 조기 졸업할 수 있었지만 대신 수많은 사람이 신용불량자가 되어야 했다. 결국, 기업의 부채를 근로자들이 갚아준 꼴이 되고 말았다.

그래서 한국의 1%와 선진국의 1%는 다르다. 사회에 이바지하는 바도, 미치는 영향력도 종류가 다 다른 셈이다. 결국, 우리가 내세울 만한 것은 그나마 1인당 국민소득밖에 없으므로 대통령이 되겠다는 사람도, 대통령인 사람도 낯 뜨겁게 그것만 강조한다. 그러나 그것만으로는 결코 선진국이 될 수가 없다.

기업과 우리 사회의 1% 및 심지어 지도자들조차도 돈 되는 것에 집착하다 보니 그 같은 정서가 개인은 물론 사회 전체에 광범위하게 퍼져 있다. 돈 되는 일만 한다고 돈이 된다는 보장은 없다. 반대로 돈 안 되는 일을 한다고 돈이 안 된다는 보장도 없다. 사회적 기업은 이 두 가지 딜레마를 잘 융합해 보려는 뜻에서 출발했지만, 정부재정이 지원되다 보니 규제와 조건이 복잡하고 유연성이 부족하여 기대만큼의 성과를 내지 못하고 있다.

물론 사회적 기업이 실패했다고 섣불리 단정할 수는 없다. 아직 한국에서 사회적 기업이 시작된 역사와 경험이 얼마 되지 않을뿐더러 설령 제대로 이익을 얻고 있는 사회적 기업이 많지 않다고 하더라도 경영되는 과정에서 사회적 배려 대상자 등의 이해관계자들에게 이미 많은 이익을 분배하고 있기 때문이다.

 ## SNS 천국, 그러나 성공한 기업은 '없다'

'엘리베이터 피치'(Elevator Pitch).

실리콘밸리는 전 세계의 벤처기업들이 투자를 받기 위해 몰려드는 도시다. 투자를 원하는 창업자들이 워낙 많다 보니 창업자들은 최대한 짧은 시간 안에 자신의 사업아이템과 수익모델을 투자자들에게 설명해야 한다. 엘리베이터를 타고 내리는 60초, 즉 1분 동안 투자자들의 마음을 사로잡을 수 있을 정도로 간략하고 핵심적인 프레젠테이션이 절대적인 영향을 미친다는 뜻에서 '엘리베이터 피치'라는 용어가 생겨날 정도다. 구글, 페이스북, 트위터 등 우리가 아는 웬만한 글로벌 기업들이 모두 실리콘밸리의 투자를 통해 성장했다.

한국도 마찬가지다. 그동안 제조업 기반의 수출주도형 경제구조를 통해 선진국 문턱에까지 올라왔지만, 중국을 비롯한 후진국들의 추격과 선진국들의 틈새에 끼여 성장동력이 흔들리면서 ICT 등 선진국형 기술집약 고부가가치산업으로의 전환을 위한 각종 지원과 창업 열풍이 한창이다.

그런데 여기서 질문 하나. 미국 나스닥에 상장된 페이스북, 트위터 등과 같이 한국에서도 코스피나 코스닥에 진출한 토종 SNS 벤처기업이 있는가?

물론 있다. 인터넷 포털 사이트 '다음'과 합병하여 우회 상장시킨 '카카오'다. 그러나 카카오는 우리가 아는 일반의 신생기업과는 전혀 다르다. 창업자인 김범수 의장의 이름을 검색해 보면 그는 카카오 창업 이전에 그가 몸담았던 ㈜NHN의 지분매각을 통해 500억 원이라는 거금을 확보한 상태였다.

그렇다면 그가 최초로 창업했을 땐 한국의 벤처캐피털이나 정부로부터 어떤 지원을 받지 않았을까? 아니, 그는 삼성SDS에서 월급쟁이로 사회생활을 처음 시작했고, 회사를 나온 뒤에는 퇴직금 등을 합쳐 PC 게임방을 차렸으며 그때 번 돈으로 인터넷으로 고스톱, 포커게임을 하는 한게임을 창업해서 대박을 터트렸다. 그 이후 이해진 대표의 네이버와 합병하면서 ㈜NHN이 탄생했다. 따라서 위 질문에 대한 대답은 '없다.'가 정답이다.

왜 굳이 SNS 기업을 거론하느냐면 첫째는 네이버나 다음과 같은 인터넷 포털 사이트가 제공하던 서비스패러다임이 '보편적 공유정신'이라는 시대적 변화에 따라 SNS로 급격히 이동했으며, 둘째는 SNS 기업의 특성상 창업초기엔 수익모델이 없어 초기투자금에 대한 지원이 절대적으로 중요하기 때문이다. 예컨대, 페이스북에 인수된 세계적인 온라인사진공유기업 인스타그램은 아직도 수익이 없다. 그리고 세 번째는 이들 기업이 막상 자리를 잡게 되면 페이스북이나 한국의 네이버와 같이 웬만한 시장변화에도 흔들리지 않고 탄탄한 성장을 지속할 수 있는 ICT(Information and Communications Technologies) 지식기반 고부가가치산업이라는 이유에서다.

따라서 한국에서 발굴, 지원하여 코스피나 코스닥에 진출시킨 토종 SNS 기업은 없다! 외형적으로는 대단한 창업 열풍과 정부 및 벤처캐피털 등의 투자지원이 활발한 것처럼 보이지만 무늬만 화려할 뿐이다. 그 실상을 들여다보면 정부는 물론 벤처캐피털 등 관련 업계가 아직도 여전히 제조업마인드, 즉 눈에 보이는 제품 위주의 수익모델에서 벗어나지 못하고 있다는 사실이다. 한 예로 한국의 토종 페이스북으로 평가받았던 싸이월드나 아이러브스쿨의 경우에도 당장의 수익모델이 약하다는 이유 하나로 사실상 사라져버렸다.

'돈 안 되는 것'이 더 큰돈을 만든다

더욱 아이러니한 현상은 한국 신생기업들이 투자자금을 지원받기 위해 지원하는 수많은 공모전 프로그램에 참가해보면, 심사위원들이 한결같이 실리콘밸리의 '엘리베이터 피치'를 흉내 내고 있다는 현실이다.

"수익모델이 뭡니까? 5분 동안 설명해 보세요."

분명 말은 그렇게 하는데 최종적인 판단 기준은 당장에 돈이 되어야 하는 제조업 마인드에 머물러 있다. 물론 아무리 적은 돈이라도 투자하는 입장에서는 수익모델이 매우 중요하다. 당장에 돈이 되기 힘들어 보이는 사업아이템에 투자 결정을 하기란 쉽지 않다. 그러나 그것은 순수한 개인투자자가 가져야 할 판단 기준이며, 정부 또는 정부자금의 지원을 받는 벤처캐피털이 가져야 할 기준은 아니다. 왜냐하면 그들은 개인이나 이익 환원을 추구하는 투자자들이 투자하기 힘든 장기적이면서도 사회 전체의 가치를 높이는 아이템을 발굴하고 지원해야 하기 때문이다.

취업이 어렵다 보니 너나없이 창업 열풍에 휩싸이고 정부와 기업이 관여하는 온갖 지원프로그램들이 우후죽순 생겨나지만, 막상 좋은 사례는 너무 빈약한 것이 우리의 현실 밑바닥이다. 시대변화에 걸맞은 의식의 변화가 없기에 그저 실리콘밸리를 흉내 낸 시스템과 프로세스로 겉만 화려한 모양 갖추기식 사업놀이가 많아지는 것이다.

실제로 우리나라 기업들의 국민총생산대비 R&D(연구개발) 투자 비중은 2013년 기준으로 세계 1위를 차지할 정도로 높다. 전체 R&D 투자 규모만 따지더라도 세계 6위에 해당할 정도다*(미래창조과학부, '2013년 연구개발활동조사결과발표' 자료 인용)*. 그런데도 몇몇 게임 분야를 제외하고 나면 세계적으로 성공한 벤처기업이 없는 이유는 장기적인 안목으로 평가하기보다 당장의 단기적 수익에만 몰두하기 때문은 아닐까? 따라서 정부 또는 정부자금의 지원을 받는 벤처캐피털은 창업희망자에게 이렇게 질문해야 한다.

"왜 그 일을 하려고 하는가? 그것이 우리 사회에 어떤 영향을 미칠 것인가?"

사실 큰돈을 만드는 것은 처음부터 돈이 되지 않는 경우가 많다. 오히려 돈이 안 되는 것이 더 큰돈을 만든다. 한때 나라 전체를 공포와 두려움에 떨게 한 전염병 메르스(MERS) 사태가 그것을 잘 증명했다. 국내 최고의 병원이길 원했던 삼성서울병원에는 메르스 치료에 필요한 음압병실이 하나도 없었다. 물론 이유는 간단하다. 돈이 안 된다. 음압병실은 기압차를 이용하여 공기가 항상 병실 안쪽으로만 유입되게 만들어진 특수병상을 말하는데, 메르스는 물론 결핵 등 각종 감염병 환자의 치료에 효과적이지만 그것을 설치하는 데는 수억 원의 돈이 필요하다고 한다. 만약 삼성서울병원이 그러한 시설을 미리 보유하고 있었다면 메르스 의심환자 및 관련 정보에 대해 더욱 세심한 주의를 기울였을 것이며, 메르스 사태에도 효과적으로 대응할 수 있었을 것이다. 정말 그랬다면 삼성서울병원은 메르스 사태로 인해 오히려 다른 경쟁병원들을 제치고 역시 국내 최고 병원이라는 찬사와 권위를 인정받을 수 있었다.

그러나 돈이 안 된다는 이유로 포기했던 결과가 어떠했는지는 이미 우리 모두 잘 알고 있다. 지역사회는 물론 국내외에서 삼성서울병원의 신뢰와 위상은 크게 떨어졌고 마침내 그룹후계자가 대국민 사과문을 발표하기에 이르렀는데, 그것이 그의 공식 데뷔무대였다는 사실은 참 아이러니하다. 그럼에도 불구하고 그 병원과 그룹이 바닥으로 추락한 신뢰와 명성을 되찾기까지는 엄청난 시간이 필요할 것이고 그로 인한 손해는 가늠하기조차 어렵다.

따라서 수없이 많은 창업아이템을 심사할 심사위원은 우리 사회에 긍정적인 영향을 줄 수 있는 아이템을 판단할 수 있는 능력, 그래서 언젠가는 이익도 얻을 수 있을 것이라는 확신을 가진 사람들이어야 한다. 바로 그것이 '보편적 공유정신'이라는 시대적 요구에 부응하고, 지식기반 고부가가치산업으로의 이동이 절실한 우리 경제의 필요에도 적합하기 때문이다.

제조업 마인드에서 벗어나지 못한 평가방식은 정부 주도의 창업자금지원프로그램 등에서도 마찬가지다. 특히 위축된 심사위원들 가운데에는 창업희망자들이 설명하는 아이템에 대한 이해력이 떨어지는 사람들도 많다. 대학교 등에서 교수로 재직하고 있는 사람들도 많은데, 연구의 속도보다 시장의 변화가 훨씬 빠른 시대에서 그런 사람들이 창업자들을 오히려 당황하게 만든다.

"왜 이 일을 하려고 하는가?"

이 질문이 중요한 이유는, 그에 대한 대답을 통해 창업자의 열정을 확인할 수 있기 때문이다.

사실 창업은 엄청나게 힘들다. 돈만 있으면 되는 것이 아니라 돈은 그저 첫발을 내딛는 연료, 우물에 고인 물을 밖으로 퍼 올리기 위한 마중물에 불과하다. 창업을 이끄는 실제적인 힘은 물에 대한 갈증, 즉 일에 대한 열정이다.

설령 수익모델을 중심으로 평가한다 하더라도 계획처럼 진행되는 사업은 극히 드물다. 그러다 보니 그 분야에 경험 많은 컨설턴트의 도움으로 수익모델을 만들어 시작한 수많은 청년벤처가 정부로부터 지원받은 창업자금이 떨어지기만 하면 폐업하고 마는 현실이 되풀이되면서 우리나라는 '사업놀이공화국'이 되고 있다. 수익모델을 기준으로 판단했다고 해서 반드시 성공이 보장되는 것이 아니라면 "왜 이 일을 하려고 하는가?"로 평가할 수 있는 창업가의 열정이 우선시되어야 하지 않을까? 그런 점에서 온오프믹스의 양준철 대표가 창업

과정에서 겪었던 일화는 좋은 사례가 될 수 있다.

그의 팀이 아무런 수익을 내지 못한 채 지원받은 돈마저 떨어져 밥조차 굶어야 할 지경에 이르렀을 때 그들이 꺼내먹기 시작한 것은 홈쇼핑에서 사 두었던 중국산 냉동삼계탕이었다고 한다. 다행히 그것을 아주 싼 값에 몇 상자 사 두었는데, 그때부터 무려 3개월 동안을 하루 세끼 삼계탕만 끓여 먹으며 버텼다. 만약 그들이 단지 수익만을 목적으로 했다면 아마 그때 그 사업을 포기했을 수도 있다.

개인 간의 관계도 마찬가지다. SNS로 인해 마음만 먹으면 이제 그 누구와도 관계를 맺지 못할 사람이 없다. 그런데도 늘 새로운 친구를 찾아다녀야 하는 이유는 무엇일까? 이미 있는 수천 명의 친구에도 갈증을 느끼는 이유는 무엇일까?

혹시 우리는 SNS를 통해 맺어지는 개인 간의 관계에서도 그가 누군지, 그는 왜 그 일을 하는지에 대한 궁금함보다 그가 하고 있는 일이 돈 되는 일인지, 그와의 친구 관계가 나에게 얼마나 돈이 될 수 있을 것인지가 더 궁금하기 때문은 아닐까? 그래서 우리는 지금도 새로운 친구에게 이렇게 물어보고 있는 것은 아닐까?

"수익모델이 뭔가요?"

정리 8

지식인의 사회적 책임(Intellectual Oblige)

 현실은 진실을 덮을 '힘'이 있다

그렇다면 수익모델을 우선시하는 우리 시대의 틀을 바꿀 수 있는
이는 과연 누구일까? 정부? 정치인? 기업? 설마, 상위 1%?

이 질문의 답을 생각해 보기 위해 우리에게 너무나 익숙한 한 화가
를 소개한다.

농부 출신의 프랑스 화가로서, 〈이삭 줍는 여인들〉, 〈만종〉 등의
작품으로 유명한 장 프랑수아 밀레는 주로 농촌, 특히 농부의 일상
을 그려왔다. 지금도 크게 다르지 않지만 예로부터 농촌과 농부의
삶은 피곤의 연속이었는데, 그런데도 그는 자연의 아름다움과 농부

의 노동을 최대한 사실적으로 묘사하여 노동의 신성함과 노동자의 존엄성을 최대한 표현하려 했다. 그가 그림을 그리기 시작한 때는 노동자와 농민이 봉기했던 2월 혁명이 있은 지 10년 정도 지났고, 특히 마르크스와 엥겔스에 의해 공산당 선언이 발표된 지 몇 해 되지 않았기 때문에 그의 그림들은 사회주의를 옹호한다는 비난에 시달려야 했다. 당연히 잘 팔릴 리도 없었고 자식이 9명이나 되었던 그의 삶 역시 고단하기 짝이 없었다.

그런데도 그는 당시 가난의 고통과 유럽을 휩쓴 콜레라에 시달리던 농촌의 어느 부부가 마침내 죽어버린 갓난아이를 밭에 묻고 애도하는 비통하고 초라한 장례식 풍경을 그렸다. 작품 〈만종〉은 원래 그런 그림이었지만, 가뜩이나 그에 대한 세간의 편견을 염려했던 친구들의 강권에 밀려 아이의 그림 위에 감자 바구니가 덧입혀지면서 하루 일을 끝낸 농부 부부가 멀리서 들려오는 저녁 종소리에 맞춰 기도하는 장면으로 탈바꿈되었다는 이야기는 이미 잘 알려진 사실이다. 물론 밀레가 어떤 정치적인 의도를 가지고 〈만종〉을 그렸다는 증거는 없다. 실제 밀레 역시 그 같은 의문에 "나는 평생 들판밖에는 보지 못했으니 그것을 솔직하게 그렸을 뿐"이라고 말했다고 한다.

어쨌든 밀레의 〈만종〉으로 우리가 알 수 있는 것은 가장 순수해야 할 예술조차도 진실을 지켜내기가 힘들며, 때로는 예술가들조차 순수함을 조작해야 할 만큼 현실의 힘이 세다는 사실이다.

누구나 다 아는 헬렌 켈러 이야기도 마찬가지다.

청각장애 및 시각장애를 안고 있던 헬렌 켈러가 헌신적인 스승 설리번을 통해 위대한 여성으로 성장하게 되었다는 이야기는 널리 알려져 있지만, 딸이 명성을 얻자 그의 어머니가 후원금을 빼돌리고 유산 한 푼 남기지 않고 세상을 떠났으며, 설리번 선생 역시 10년 동안 단 한 푼의 월급도 받지 못했다는 사실은 잘 알려지지 않았다. 특히 헬렌 켈러는 인종차별 철폐 및 장애인과 여성을 위한 인권운동은 물론 세계대전이 일어나자 반전운동에 참여했으며, 이로 인해 FBI조차 그녀를 감시하고 언론 역시 그녀에 대해 좋지 않은 기사를 쏟아내었다. 그 결과 후원도 끊기고 생계가 곤란할 지경에 이르러 88세에 죽음을 맞기까지 그녀의 말년도 고단함의 연속이었다는 사실 역시 알려지지 않았다. 이처럼 현실은 어떤 진실조차도 당시의 사회가 원하는 방향에 맞는 이야기만 남기고 깡그리 지워버릴 힘이 있다.

 ## 지식인이여, 위로만 할 것인가?

제 한 몸 추스르기에도 힘든 세상.

뉴스만 보면 온갖 끔찍한 사건들이 갈수록 더 많은 지면을 채우고 있다. 이런 현실의 원인은 작가 정지우가 쓴 책 『분노사회』에 잘 요약되어 있다. 그는 책에서 '만성적 분노를 품고 사는 사람들은 늘 분노의 씨앗을 찾기 위해 두리번거린다'고 했는데, 만성적 분노를 품고 사는 사람들과 그들이 찾는 분노의 씨앗들이 점점 더 많아지면서 오늘 우리가 보는 온갖 폭력의 결과로 나타난다는 것이다.

프로이트는 분노가 밖으로 나타날 때 범죄가 되고 안으로 작용할 때 자살이 된다고 했다. 특히 한국의 자살률이 OECD 국가들 가운데 가장 높은 실상을 생각하면, 참 부끄럽지만 우리의 오늘을 '분노사회'로 불러도 달리 변명할 수 없을 것이다. 특히 그 같은 분노의 감정을 조절하지 못하는 감정조절장애를 앓는 사람들이 급증하고, 그 가운데 20대가 가장 많다는 통계에 이르면 그들의 분노가 자칫 사회적인 증오로 이어질 수 있다는 두려움이 앞선다.

이처럼 피곤한 오늘을 살아가는 사람들에게 사회의 영향력 있는 사람들이 내세운 저마다의 방법들을 크게 세 가지 단어로 정리해 보면, '위로'와 '책임' 그리고 '개혁'이 아닌가 싶다. 이런 말들을 내뱉는 사람들은 하나같이 우리 사회의 지식인들이다.

앞서 밀레의 〈만종〉이나 헬렌 켈러 이야기처럼 특히 지식인들이 자신의 기득권을 지키려는 현상은 시대를 불문하고 당대의 지식인들을 유혹하는 '이브의 사과'이다. 가장 손쉬운 형태가 '위로자'의 위치에 서는 것이다. IMF 이후 더욱 고단한 삶이 이어지면서 종교인은 물론 학자, 유명인들이 내놓은 위로의 메시지가 책으로 출간되고 '치유'와 겹쳐지며 사람들의 지친 마음을 잠시나마 달랠 수 있었다는 사실에 딴죽을 걸고 싶지는 않다.

다만, 지식인이라면 그저 '위로'에 그치지 말아야 한다.

그건 정말 위로가 필요한 사람들의 가까운 친구나 이웃들에게 맡겨도 될 일이다. 정말 지식인이라면 단지 '위로'에 머물 것이 아니라 먼저 지식인 자신에게 주어진 사회적 책임 앞에 바로 서야 하지 않을까?

청년들의 멘토로 많은 활동을 하는 김난도 교수가 자신의 사회적 역할을 인정받아 서울대학교 입학식에서 평교수로서는 최초로 입학 축사를 하게 되었는데, 거기서 그는 사회에 책임감을 느껴야 할 두 주체를 말했다.

첫째는 '노블레스 오블리주'(Noblesse Oblige)로 우리가 익히 아는 '가진 사람들의 사회적 책임'이며, 두 번째로 '세니오르 오블리주'(Senior Oblige)로 우리 사회의 장년층이 청년들에게 좀 더 많이 양보할 것을 주문했다.

'노블리스 오블리주'에 대해서는 더 말할 것도 없다. 다만 그런 책임을 지키지 않아도 달라지는 것이 하나도 없으므로 굳이 알토란같은 자기 것을 내놓으려 하지 않는 것이 더 문제라는 생각이 들었다.

대학을 나와야만 '정상'으로 인정받는 사회에서 대학졸업생들에게 합당한 일자리를 만들어 놓아야 할 책임은 그런 사회로 만든 정부와 지식인들에게 있지만, 그들은 오히려 왜 일자리의 조건을 탓하느냐며 졸업생들을 나무란다. 기업친화적 시장주의 경제정책으로 잔뜩 살이 오른 대기업들 역시 그들의 곳간을 먼저 열기보다 가난한 중소기업들의 궁핍한 사정을 핑계 삼아 오히려 빗장을 더 걸어 잠근다. 가진 자들이 그들 스스로 책임을 알지 못하는 나라에서 '노블리스 오블리주'가 제대로 작동할 리 만무하다. 그 같은 책임을 앞서 주장하고 먼저 실천해야 할 지식인들은 오히려 현실의 장막 뒤에 숨기 바쁘다.

'세니오르 오블리주'에 대해서는 나도 같은 마음이지만 동시에 아쉬움도 많다. 안타깝게도 한국의 장년들은 그리 여유가 없다. 부모부양과 자녀양육에 끼여 정작 자기 자신에 대한 준비는 턱없이 부족했다. 그러다 보니 막상 퇴직과 은퇴에 이르러서도 자식뻘 되는 청년들과 일자리를 놓고 경쟁해야 할 정도다. OECD 국가들 가운데 가장 높다는 65세 노인들의 상대적 빈곤율이 거의 50%에 이르는 나라가 한국이다. 그야말로 두 사람 가운데 한 명이 빈곤에 시달린다. 따라서 매일의 일상은 물론이거니와 심지어 오랜 삶의 시간표에서도 평안하고 안락한 저녁이 사라진 지 오래다. 그렇다고 시니어들이 청년세대들과 앞으로도 계속 경쟁해야 한다는 뜻이 아니라, 장년들의 이런 현실을 인정하여 청장년의 연합을 통한 새로운 시너지를 만들어 낼 수 있도록 더 창의적인 정책들이 필요하다.

덧붙여 나는 그 두 가지 책임에 더해 '지식인의 사회적 책임' (Intellectual Oblige)이 더욱 절실하지 않을까 생각한다. 사실 우리 시대의 지식인들이 누리는 부와 명성 가운데 상당 부분은 위로가 필요했던 사람들의 인정과 지지 때문에 가능했다. 그렇다면 지식인들이 위로자의 위치에만 머물기보다, 일용할 양식을 버는 노동에 지친 다수의 사람이 하기 힘든 일들을 '노블리스 오블리주'의 마음으로 해 주었으면 좋겠다. 그들을 대신하여 사회의 기득권층을 향한 목소리를 높이고 '말'로만 하는 위로가 아니라 다른 사람들과 행동을 함께하는 그 맨 앞자리에 그들이 있으면 좋겠다. 그게 곧 지식인의 사회적 책임이 아닐까.

예로부터 우리 사회의 지식인들은 자신들에게 주어진 책임에 최선을 다했다.

한낱 시골 농부에 불과했던 전봉준도 백성들과 똑같은 처지임에도 불구하고 단지 먼저 깨달았다는 선각자의 책임으로 일찍이 동학혁명의 선봉이 되었다. 일본 식민시대의 3·1 만세운동과 부패한 자유당 정권의 3·15부정선거에 항거하여 일어난 4·19의거 및 그 암울했던 유신 시대의 수많은 민주운동, 5공화국의 독재정권에 분노하여 일어난 부산 및 광주의 민주화운동에 이르기까지 자신의 책임을 마다치 않았던 지식인들이 있었던 것은 우리 역사의 자랑이다. 그러나 언젠가부터 지식인들이 감당해야 할 사회적 책임 행동들이 크게 약해지고 무뎌지면서, 그 여백을 SNS 등 갖가지 편리한 미디어들이 빼곡하게 채워나가고 있다. 그리고 이제 우리는 외국 사람에게서 정의를 배워야 하는 처지에 이르렀다.

많은 사람이 정의를 말하지만 정작 학교에서 그리고 교과서에서 정의를 배울 기회는 거의 없었다. 우리 사회의 보편적 지식인들에게 그 같은 행동을 기대하기란 쉽지 않겠지만, 그들에게 요구되는 책임 정도는 제대로 인식하면 좋겠다는 생각이 절실하다.

지식인의 책임, '침묵하지 않는 것'

숭실대학교 구미정 교수(기독교학과)는 한 강연에서, 에덴동산의 아담과 하와가 하나님의 명령을 어기고 뱀의 유혹에 빠져 선악과를 따먹게 된 죄를 따지자면 첫째는 하와를 유혹한 뱀일 테고 두 번째는 뱀의 유혹에 넘어가 제 손으로 선악과를 직접 따서 아담에게 건넨 하와일 텐데 그에 대한 벌은 정반대로 왜 아담과 하와 그리고 뱀의 순서였나를 이야기하였다. 그 이유는 '아담의 침묵' 때문이었다는 것이다. 또한 예수를 십자가에 매달 것을 요구한 쪽은 본디오 빌라도가 아닌 유대인들이었지만, 성경에 본디오 빌라도에게 예수 고난의 책임이 있는 것으로 기록된 이유 역시 '본디오 빌라도의 침묵'에서 찾았다.

아내 하와가 딴 선악과를 받아먹기만 했던 아담은 사실 선의의 피해자였을 뿐만 아니라 에덴동산 최고의 지식인이었고, 본디오 빌라도 역시 당대 최고의 권력자임과 동시에 유대인들에 의해 붙잡혀온 예수에겐 아무런 죄를 찾을 수 없다고 스스로 말했을 정도의 지식인이었지만, 성경에는 아담이 가장 큰 벌을 받았고 본디오 빌라도에겐 예수를 죽인 죄가 있다는 기록이 있다. 그만큼 지식인의 침묵은 성경에서조차 가장 큰 죄로 다스리기에 달콤한 위로만으로 지식인의 책임을 대신할 수는 없다고 생각한다.

『검색의 시대, 사유의 회복』의 저자인 법인 스님은 오늘의 지식인들이 자신에게 주어진 책임은 뒤로 한 채 한낱 위로자의 위치에 집착하는 모습을 보면서 "어설픈 위로는 개인을 나약하게 만들고 탐욕과 독점을 교묘하게 감추고 있는 사회 구조에 면죄부를 준다."고 일갈했다.

이처럼 우리 시대 지식인의 진정한 책임을 분명하게 지적하는 사람들도 많다. 그 가운데 특히 극단 학전 대표인 김민기 씨는 돈을 앞세우는 우리 사회의 문제점을 인식하고 실천적 행동으로 그 틀을 바꾸기 위해 애써 온 사람이다. 그가 나이 스무 살에 만들어 가수 양희은을 통해 발표한 '아침이슬'은 이제 모든 사람이 즐겨 부르는 국민가요가 된 지 오래되었으며, 가수 김광석, 유재하는 물론 배우 설경구나 황정민도 그의 문화아지트 학전 출신이다. 그는 70, 80년대를 대표하는 지식인의 모델이자 청년들의 멘토였으며 지금은 잘 알려진 생활협동조합 한살림을 창립하고 초대 사무국장을 맡아 기틀을 다지기도 했으나 아직 그 자신을 단 한 번도 상업적으로 사용한 적이 없다. 어쩌면 당연시되었던 정치인의 길조차 마다하며 문화운동에 헌신하는 삶을 살아왔다.

그런 그가 어느 날 한겨레신문과의 인터뷰에서, 뮤지컬 〈지하철 1호선〉에 관한 세간의 궁금증을 털어놓았다. 〈지하철 1호선〉은 1994년부터 2008년까지 15년에 걸쳐 국내 및 해외공연을 통해 관객 71만 명과 100억 원이 넘는 매표수입으로 오랫동안 만성적자에 시달렸던 극단 학전의 '돈 줄'이었는데 느닷없이 4,000회 공연을 끝으로 중단해서 그 이유를 궁금해 했던 사람들이 많았다.

"중단한 이유? 돈만 벌다 보면 돈 안 되는 일을 못 할 거 같아서."

그가 그런 이유로 중단하거나 포기한 '상품'은 〈지하철 1호선〉만도 아니다. 그가 발굴했던 가수 김광석의 죽음 이후 그를 기리는 사람들과 함께 학전에서 시작한 〈김광석 다시 부르기〉 콘서트도 막상 관객이 몰리기 시작하자 대형극장으로 내보내 버렸다. 그리고 지금껏 '돈 안 되는' 청소년, 아동극에 몰두하고 있다.

그렇다. 수익모델을 우선시하는 우리 시대의 틀을 바꿀 수 있는 사람은 당장 눈에 보이는 업적을 쌓아야 하는 대통령도, 정치인도 아니며 돈으로 학교를 장악하여 "가장 피가 많이 나고 고통스러운 방법으로 목을 쳐 주겠다."는 섬뜩한 말을 대놓고 했다는 대기업 회장도 아니다. 더구나 우리가 말하는 그 1%는 더욱 아닐 것이다.

그것은 지금 우리 사회와 시대에 정말 필요한 '살아있는 지식'이 무엇이어야 하는지를 잘 아는 그리고 알아야 하는 지식인의 몫이어야 한다고 생각한다. 그것이 지식인에게 걸맞은 사회적 책임이 아닐까? 그들로부터 우리 사이의 진정한 관계의 모델이 제시되고 또한 실천되어야 하지 않을까?

관계의 힘, 우리는 모두 잠재적 프리랜서

 지식의 '알까기'가 필요한 세상

바닷속 수천 미터 아래에 산다는 심해어들은 수백 kg의 무게에 해당하는 엄청난 수압을 어떻게 견딜까? 심해어들의 몸속에는 기압에 민감한 기체(공기)가 없는 대신 액체인 체액으로 가득 차 있기 때문이라고 한다. 이는 일반의 다른 물고기들에게 있는 공기주머니, 즉 부레가 없는 이유이기도 하다. 두꺼운 비늘이나 발달한 근육 등 겉으로 보이는 이유가 아닌 몸속의 체액이라는 내부 조직 덕분에 심해어들이 수압을 견뎌낸다는 사실을 깨닫자 진정한 관계의 정석을 생각해 보게 된다.

많은 사람이 우리의 오늘을 지식기반 산업화시대라고 말한다. 저마다 가진 지식을 이용해서 돈을 벌어야 하는 시대이며, 그런 지식을 IT기술과 잘 섞어 전혀 새로운 지식 혹은 기술로 만들자는 것을 ICT(Information and Communications Technologies)라고 한다. 지식에 대한 가격은 어떻게 가공하고 상품화하느냐에 따라 크게 달라진다. 즉, 자신이 배운 지식을 그대로 팔아먹는 1차 지식상품이 있고, 그런 1차 상품을 다른 지식과 결합하여 만드는 2차 지식상품이 있으며, 또한 IT 기술 등을 결합한 3차 지식상품 등으로 나눌 수 있다.

컬러 컨설턴트로 잘 알려진 김도은 씨는 평소 자신에게 잘 어울리는 색깔 혹은 어떤 특별한 장소나 다른 사람들과의 미팅에서 자신감을 올려줄 수 있는 색상의 선택을 조언하는 전문가로 활동하고 있다. 그의 1차 지식상품은 고객에게 컨설팅해주는 것이다. 그런 그가 비즈니스 영어로 유명한 남주철 씨와 함께 취업준비생들을 대상으로 2차 지식상품을 만들고 있다. 취업면접 시 필요한 비즈니스 영어와 자신감을 높일 수 있는 컬러이미지컨설팅이 콜라보레이션 되는 셈이다. 또한 김도은 씨는 자신의 지식을 모바일 등 IT 기술과 잘 융합하여 고객이 특별한 이벤트 내용을 입력하면 미리 구성된 해당 고객의 특성을 바탕으로 몇 가지 포트폴리오가 자동으로 추천되는 3차 지식상품까지 만든다.

지식산업화 시대에서 서로 다른 지식과의 융합은 필연적이다. 왜냐하면 1차적인 지식시장에서는 진입 장벽이 낮아 경쟁도 치열할 뿐 아니라 갈수록 수익성도 떨어지기 때문이다.

대학교 시간강사들을 보자. 언젠가 어느 유명한 사립대 시간강사가 수업 중 쓰러져 식물인간 상태가 되었다는 뉴스가 있었다. 물론 그와 비슷한 뉴스가 처음은 아니었다. 학생들은 대학에서 강의하는 모든 선생님을 '교수님'이라 부른다. 그런 소리를 들으려면 최소한 석사 그리고 박사과정은 마쳐야 한다.

그러나 알다시피 교수님이라고 다 같진 않다. 정규직인 전임과 비정규직인 비전임으로 나뉘는데, 일명 보따리장사로도 불리는 시간강사는 대표적인 비전임 교원이다. 물론 시간강사들의 현실적인 목표는 정규직 교원이 되는 것이지만 현실은 하늘의 별 따기 만큼이나 어렵다. 그나마 강의료라도 많으면 좋을 텐데, 이들의 시간당 평균 강의료는 2013년 기준으로 5만1천 원에 불과하다. 물론 이조차도 2만5천 원 주는 대학이 있는가 하면 6만 원이 넘는 대학도 있다. 그들은 일주일 평균 4시간 정도를 강의하는데, 연봉 기준으로는 4년제 대학의 경우 평균 650만 원 정도에 불과하다. 더구나 연봉 600만 원이 되지 않는 시간강사는 4년제 대학만 따지더라도 44.3%에 이를 정도다(2013년 4년제 대학 및 전문대학 교원현황에서 인용).

시간강사들이 전체 대학에서 차지하는 비율은 40.8%로 전임교원

보다 많다. 이유는 간단하다. 급여가 낮은 대신 교원확보비율을 높일 수 있기 때문이다. 특히 최근 들어 정부의 재정지원을 받기 위한 최소한의 전임교원 비율을 확보하기 위해 소위 '비정년 트랙'이라 하여 정해진 정년이 없는 대신 해마다 재계약하는 형태의 전임교원 채용을 늘리고 있는데, 이들에 대한 급여 역시 전임교원 평균급여의 절반에도 못 미친다. 심지어 전임교원임에도 불구하고 시간강사 수준의 급여를 받는 경우도 있다(교수신문, '연봉 1천200만원, 시간강사 대우받는 전임교원 는다'에서 인용, 2015.2.9.).

물론 대학의 시간강사들 외에도 우리 사회의 비정규직 급여가 정규직과 비교하면 턱없이 낮은 현실이 전혀 새로운 것은 아니다. 다만 주목할 것은 정부가 이미 지식산업화 시대를 선언하고 실제로 지식근로자들이 급증하는 현실에서 이들에 대한 인식과 처우는 오히려 나빠지고 있다는 것이다. 우리가 자신이 가진 일차적인 지식상품에만 의존할 수 없는 이유다.

 ## 재능 기부를 강요하지 말라

당연히 우리는 모두 잠재적 프리랜서들이다. 설령 지금 직장에서 정규직 급여를 받는 사람일지라도 언젠가는 그도 직장에서 나와야 할 것이다.

대학졸업생들이 선망해 마지않는 대기업에서의 직장생활은 그리

녹록지 않다. 남들보다 더욱 일찍 출근하고 더욱 늦게 퇴근한다. 남들이 부러워하는 직장에 근무하다 보니 승진의 줄을 잡기 위한 눈치 싸움도 치열하다. 일이 없어도 뒷자리에 앉아있는 상사의 눈치를 살피느라 일찍 퇴근하지 못한다. 강남의 대기업계열 종합물류유통회사인 G기업 앞에 있는 24시간 사우나는 숫제 그 회사 직원들의 숙소가 될 정도다. 늦은 퇴근에 맥주라도 한잔 하다 보면 쉽게 집에 갈 엄두도 내지 못한 직원들이 잠시 눈이라도 붙일 겸 늦은 밤 몰려들고, 새벽 5시 30분이 되면 출근 준비로 분주하다. 대기업이라는 이유로 그냥 월급을 많이 주지는 않는다. 물론 대기업보다 더 많은 시간을 일하고도 훨씬 적은 급여를 받는 사람들이 더 많다. 한마디로 우리는 모두 점점 제 한 몸 살기에도 빠듯해지는 세상을 살아가고 있다.

사실 대학졸업생들 그리고 계속 밀려나고 있는 은퇴자들은 기본적으로 지식근로자의 자격을 갖춘 사람들이다. 그런데도 고용노동부를 비롯한 정부의 관련 부서에서는 지식근로자들에 대한 지원정책이 전혀 없다. 요컨대 고용노동부는 4대 보험에 가입할 수 있는 취업실적만 중시한다. 그러나 지식산업화 시대 지식근로자의 비즈니스 정체성은 1인 기업, 즉 프리랜서다. 물론 1인 기업에 관한 정책은 중소기업청에서 맡고는 있지만, 예를 들어 전문강사와 같이 순수 지식근로자들에 대한 지원제도는 거의 없다고 해도 지나친 말이 아니다.

그러다 보니 수많은 프리랜서 강사들은 소위 '재능기부'라는 명목으로 여기저기를 기웃거리며 자신을 홍보하기에 혈안이 되어 있다. 심지어 그 같은 현실을 악용하는 기업이나 단체가 그럴듯한 명분을 앞세워 헐값에 그들을 이용하기도 한다. 그런 현실을 많이 보게 되면서 나는 '재능기부'라는 말을 싫어하게 되었다. 정당한 대가를 받아야 할 사람들에게 '기부'라는 이름으로 은근슬쩍 노동을 강요하는 사회, 이것이 지식기반 산업화시대에 살고 있다는 우리의 실상이다.

언젠가 한 번 뜻있는 사람들과 함께 청년과 장년을 아우르는 숨은 강사들을 선발하여 전문 강의에 필요한 코치그룹의 양육과정을 거쳐 기업체 강의까지 연결하는 프로젝트를 기획한 적이 있다. 정부의 어떤 부서와 협력하면 좋을까 싶어 알아보았지만 허사였다. 청년은 물론 30년 경력의 장년층조차 은퇴 후 자신의 경력을 재활용하지 못한 채 단순 일용직 근로자나 섣부른 창업에 빠져들고 있는데도, 정작 정부는 수요자들의 경험을 살리는 대신 통계로 잡히는 숫자에만 연연해 하고 있었다. 지식산업화 시대의 쓸쓸한 단면이었다. 즉, 우리는 이미 지식산업화 시대에 살고 있지만, 지식근로자들의 성장에 필요한 공적 플랫폼은 턱없이 부족하다. 영리 목적의 관계기반 서비스가 갈수록 급증하는 이유다.

진짜 돈 되는 관계, 상대의 내면보기부터

이제 우리는 모두 지식근로자이며 잠재적인 프리랜서들이다. 마찬가지로 과일이나 농산물을 경작하여 판매하는 농부들 역시 큰 틀에서는 지식근로자들이다. 즉, 그들이 만들어내는 1차 상품이 다른 지식과 결합하면 더 비싼 가격의 2차, 3차 상품으로 만들어질 수 있기 때문이다. 한 예로, '총각네 야채가게' 대표 이영석 씨는 채소와 과일이라는 1차 상품에 서비스와 만족(고객은 물론 직원에 이르기까지)이라는 지식을 결합하여 성공을 이루어냈다.

이처럼 관계는 지식산업화 시대에 필수적이며 결과적으로 돈 되는 일이기도 하다. 앞에서 언급한 컬러 컨설턴트 김도은 씨는 비즈니스 영어 전문가 남주철 씨와의 협력 혹은 IT 기술과의 융합을 통해 자신의 지식상품을 더 쉽고 많이 판매할 수 있다. 이러한 협력이 언뜻 보면 그리 어렵지 않게 보일 수도 있다. 그러나 두 사람이 비즈니스 협력을 구상하기까지 SNS 친구로만 존재하거나 한두 번 만나 명함만 교환했던 것은 아니다. SNS를 통해 맺은 수많은 친구 가운데 실질적인 협력관계로 발전하는 경우는 거의 손에 꼽을 정도다. 실제로 SNS 친구들 중, 자신의 지식을 2차 혹은 3차 지식상품으로 만들어가는 실질적인 협력관계에 있는 친구들이 몇 명인지 세어보면 알 수 있다. 그런 사람들 가운데는 한두 번 그런 시도를 했지만, 지금은 오히려 관계조차 멀어진 사람도 있을 수 있다.

이유가 무엇일까? 혹시 돈 되는 관계부터 먼저 생각했기 때문은 아닐까? SNS 프로필이나 혹은 처음 만나 주고받은 명함 그리고 겉으로 드러나는 이미지를 '스캔'하면 순식간에 견적이 나오는 그런 관계 말이다.

본질적으로 사람들은 꼭 비즈니스가 아니더라도 관계가 필요하다. 아리스토텔레스가 '인간은 사회적 동물'이라고 정의했던 것처럼 사람은 설령 혼자 있을 때라도 다른 사람과의 관계 속에서 존재하고 있다. 예컨대, 내가 혼자 앉아 커피를 마시고 있는 이 카페는 누군가 다른 사람에 의해 만들어진 공간이다. 그렇다면 관계는 마치 공기처럼 자연스럽다. 설령 혼자 있는 그 순간에도 외롭지 않다고 느낀다면, 그때 당신은 진정으로 건강한 관계를 누리고 있다고 생각할 수 있다.

그래서 관계의 건강상태를 판단하는 기준은 얼마나 많은 친구가 있느냐가 아니라 자기 내면의 건강상태에서부터 출발한다. 마치 심해어가 그 엄청난 수압을 견딜 수 있는 이유가 겉으로 드러나는 비늘이 아니라 보이지 않는 속에 있는 것처럼.

반면 숱하게 많은 친구 혹은 관계 속에서도 외로움을 호소하는 사람도 있다. 결국 관계가 빛을 발하려면 먼저 자기 내면을 바로 세워야 한다. 내면의 건강이 부족한 사람에게는 더 많은 친구 혹은 관계보다는 치료가 필요하다. 좋은 멘토를 만나거나 독서나 여행을 통해 자신을 보다 객관화하는 것도 좋다.

그래서 다른 사람과의 진정한 관계는 겉모습에 가려진 상대방의 내면을 들여다볼 수 있을 때로부터 시작된다. 그러려면 시간은 당연히 필요하다. 이와 같은 과정 없이 먼저 돈 되는 조건, 즉 그 사람의 외형이나 명함에 쓰인 비즈니스만으로 상대방과의 관계를 시작하다 보면 결국 돈 안 되는 관계로 끝나게 될 가능성이 크다.

어떤 사람은 SNS에서 채팅은 무척 잘하는데 막상 만나보면 전혀 대화가 안 되는 사람도 있다. 사실 SNS상에서의 채팅은 대체로 정형화되어있는 편이다. 다양한 이모티콘을 활용하여 상대방에게 적절한 공감이나 추임새를 넣어주면 그것만으로도 충분히 좋은 감정을 일으킬 수 있다. 말도 마찬가지다. 첫 만남에서 상대방에게 좋은 인상을 남기기 위한 태도와 말은 어느 정도의 훈련으로도 가능하다. 그런 것들을 가르치는 학원도 숱하게 많다. 그래서 그가 어떤 사람인지를 제대로 알려면 어떤 행동을 하는지를 지켜보는 것이 좋다. 이것 역시 시간이 필요하다.

정리 10

적이 없으면 친구도 없다

 2,800명의 친구가 있어도 행복하지 않다

'영원한 적도 친구도 없다.' 는 말이 있다.

어제의 친구가 오늘의 원수가 되고, 어제의 원수가 오늘의 친구가 될 수 있다는 말은 서로 간의 이해관계가 복잡하게 얽히기 마련인 국제관계에서는 물론 개인이나 기업 간의 거래관계에서도 자주 등장한다. 수많은 자기계발 혹은 인간관계 관련 도서마다 상대방을 더욱 쉽고 빠르게 친구로 만드는 방법에 대한 언급이 거의 빠지지 않고 등장하는 이유다.

생각해 보면 세상 모든 사람이 내 친구라면 정말 환상적이다. 취업과 창업은 물론 그 어떤 어려움도 쉽고 빠르게 해결할 수 있을 것이고, 기쁜 날은 더욱 즐겁고 슬픈 날은 쉽게 위로받을 것이다. 돈이 없어도 굶어 죽는 일은 없을 테고, 겉모습이 초라해 보인다고 무시당하는 일도 없을 것이다. 우린 모두 친구니까.

그런데 세상 모든 사람이 내 친구일 수 없는 냉정한 현실에서 스스로 질문해 보자. 과연 친구 몇 명이면 살아가는 데 부족함이 없을까?

이 글을 쓰는 지금, 내 페이스북에 친구로 저장된 사람은 929명, 트윗 팔로잉은 403명, 팔로워는 347명, 카카오톡 친구는 959명, 카카오스토리는 94명이다. 인스타그램이나 밴드, 느닷없이 끌려들어 간 페이스북 그룹이나 단체 카카오톡 방 등 다른 것들을 빼고 계산해도 무려 2,800명에 가깝다. 그리고 이들 가운데 상당수는 실제로 얼굴 한 번 쳐다보지 못한 사람들이다.

누가 누구인지 알 수도 없을 만큼 많은 친구를 가진 나의 일상은 정말 부족함이 없을까? 아니, 그렇지 않다. 이런저런 걱정 없이 책 몇 권 챙겨 들고 지겨워질 때까지 늘어져 지내는 시간이 많으면 좋겠고, 고향집 늙은 어머니와 더 많은 시간을 함께 보내면 좋겠고, 여행을 좋아하는 아내와 오랫동안 멀리 떠났으면 좋겠다. 그런 생각이 들면 나의 오늘 역시 갈증이 많다. 내 친구 2,800명은 그런 나에게 지금 아무런 도움이 되지 않는다.

그런데 내가 가진 2,800명에 이르는 SNS 친구 숫자는 많은 축에

끼지도 않는다. 내가 아는 사람만 하더라도 벌써 페이스북 친구만 5,000명이 넘는다는 사람들이 한둘은 아니다. 그들 역시 때때로 우울하고 자주 불편한 이야기들을 토로하는 것을 보면서 친구가 많다고 인생에서의 부족이 완전히 해결되는 것이 아니라는 사실을 되새길 수 있다. 반대로 친구가 적다고 꿈꾸는 일을 하지 못하는 것도 아니다. 도원결의로 알려진 삼국지의 유비, 관우, 장비는 단 세 사람만으로 드넓은 중국을 뒤흔들었다.

이렇게 말하면 또 누군가는 '진정한 친구' 운운할 수도 있다. 맞다. 최근에 나는 오랫동안 참 가깝게 지내왔던 어떤 분의 톡파티 '헤어지는 연습을 하며 사세'에 함께하면서 이런 생각을 해 보았다. 만약 나도 헤어지는 연습을 할 수 있다면 그때 나는 누구를 만나고 싶어 할까? 내가 좋아하는, 내가 진정한 친구로 생각하는 그의 버킷 리스트 친구 목록에 내 이름이 있을까?

'만인의 친구'는 친구가 정말 많은 사람을 일컫는 말이다. 우리는 '만인의 스타', '만인의 연인'이라는 수식어가 붙은 유명한 연예계 스타들을 부러워한다. 그런데 그런 사람이 어느 날 갑자기 스스로 목숨을 끊는 현상을 어떻게 생각해야 할까? 친구가 너무 많아 정말 아무런 부족함 없이 살 것으로 보이는 그에게도 스스로 자신을 죽여서까지 달아나고 싶었던 엄청난 부족과 마음의 고통이 있었다.

그들에게는 정말 진정한 친구가 단 한 명도 없었을까? 그토록 힘들었을 그 순간, 분명하게 떠오르는 친구가 정말 한 명도 없었을까? 그런 사건을 접할 때마다 우리가 흔히 말하는 진정한 친구에 대해 다시 생각하게 된다.

나는 그 어떤 친구보다도 오랫동안 알고 지내왔으면서도 아직도 잘 모르는 친구가 있다. 그게 바로 '나'다. 특히 가끔 거울 속의 나를 쳐다보면, 이 사람이 누굴까 싶을 만큼 생소한 때도 있다. 그래서 이렇게 되묻는다. "실례지만, 누구신지…?"

 ## 시작점 달라도 끝이 같은 생각 찾기

친구가 많은 사람이 빠지는 위험은 정작 자기 자신을 들여다보는 시간이 부족해진다는 것이다. 한때 내 딸도 그랬다. 하루 온종일 친구들의 고민 상담으로 전화통을 붙들고 다녔다. 꼭 전화만이 아니다. 만나서 이야기하다가 '부족한' 이야기가 전화로 이어지고, 또다시 못다 한 이야기를 '자세히' 하기 위해 만나기를 되풀이한다. 그야말로 '만인의 친구'가 되어버린 셈인데, 처음엔 나름대로 그런 역할에 보람을 느끼는 듯했던 딸이 조금씩 피곤해하는 모습을 보이기 시작했다. 기회를 보아 말해야겠다고 벼르고 있었던 나는 '때는 이때다' 싶어 한마디 툭 던졌다.

"그것 봐라, 네 한 몸도 버거운데 다른 사람의 인생까지 살아내려니 여간 힘든게 아니지?"

평소 같으면 "아니야, 그래서 그런 게 아니야."라면서 자존심을 내세웠을 딸이 그날은 정말 힘들었던지 이런 말을 했다.

"응, 아빠. 요즘은 내가 없는 것 같아."

나는 친구를 좀 가리는 편이다. 그래서 카카오스토리의 경우 최대한 100명을 넘기지 않으려고 가끔 친구관리를 한다. 우선은 그 이상이 되면 제대로 '소통'하기조차 힘들다. 내가 카카오스토리를 하는 이유는 평소 잘 알지 못했던 사람의 이야기를 듣고 싶고 그를 조금씩 알아가고 싶으며, 이미 잘 알고는 있지만 자주 못 만나는 사람들의 소식이 궁금하기 때문이다. 내가 간혹 관리 대상 목록에 넣는 사람들은 자기 자신의 이야기보다 다른 좋은 글이나 재밌는, 혹은 홍보성 글들을 자주 올리는 사람들이다. 그런 사람들이 너무 많으면 정작 내가 알고 싶어 하는 사람들의 이야기가 묻혀버린다. 그렇다고 매일매일 그의 일상을 일부러 찾아 다녀야 할 형편은 아니지 않은가?

내가 친구를 가린다고 해서 낯선 사람을 사귀는 일을 불편해하는 것은 아니다. 인생을 즐기는 가장 지혜로운 방법이 사람들과 함께 즐거운 시간을 갖는 것이라는 생각 또한 변함이 없다. 다만, '나'와 크게 다른 사람들과의 관계를 위해 집착하지 않는 편이며, 그렇게 다른 사람과의 논쟁을 위해 시간을 허비하는 것에도 매력을 느끼지 못한다. 왜냐하면, 그러다 자칫 '나'를 잃어버릴 수 있기 때문이다. 그렇다고 내가 나와는 다른 생각을 하는 사람을 적대시하는 것도 아니다. 옳고 그름의 문제와 생각이 다른 것은 별개의 문제이며, 생각이 다른 사람이 많을수록 세상은 균형 있게 성장할 수 있다.

나는 결과보다 과정이 좋아야 한다는 생각을 하고 있는데, 과정이 좋으면 결과도 좋아야 한다고 말한 다른 친구 덕분에 내 생각이 바뀌었다. 그와의 대화를 통해 결과가 어떻더라도 과정만 좋으면 된다는 내 생각이, 자칫 모든 실패의 원인을 내가 아닌 외부로부터 찾는 자기합리화일 수 있다는 반성을 했기 때문이다. 결과적으로 나는 나와 생각이 달랐던 그 친구로부터 많은 도전을 받았다.

그렇지만 나는 과정이 어떻든 결과만 좋으면 된다고 생각하는 사람과 친구가 되려고 크게 '애쓰진' 않는다. 이것은 내 목표와 완전히 딴판이며, 내가 나아가야 할 방향으로 믿고 있는 것과 명백하게 배치되기 때문이다. 차라리 그럴 시간에 과정이 좋으면 결과도 좋아야 한다고 믿는 사람들과 그것을 실현하는 일에 더 많은 시간을 쓰는 편이다. 즉, 생각이 다르다 하더라도 궁극적으로 도달할 목표가 같은 경우에 함께 뭔가를 도모할 수 있다.

이러한 내 생각을 입으로만 주장하고 생각만으로 떠들기보다 행동으로 보여주는 것이 훨씬 영향력이 크다. 그러려면 정말 시간이 부족하다.

내가 카카오스토리 등 SNS를 통해 나와 다른 생각을 하는 사람을 찾고 그들의 이야기를 듣고 만나고 싶은 본질적인 이유는, 나조차 아직 낯선 '나'를 좀 더 알고 싶기 때문이기도 하다. 내 친구들이 살아가는 이야기와 생각에서 나를 되돌아보고 의외의 나를 발견하는 일이 즐겁다. 물론 때때로 '아, 그런 때 나는 왜 이렇게 하지 못했을까?' 하는 생각으로 우울해질 때도 있다. 그러나 그 또한 '나'라는 실체적 운명을 인정하면서 거울을 향해 씩, 웃게 된다. 좋은 친구들은 곧 나의 거울이다.

내가 어떤 사람에 대해 나와 완전히 상반된다고 느끼는 이유는, 옳고 그름의 문제에 대한 생각의 차이가 있을 때다. 그것을 우리는 가치관이나 삶의 정체성이라 표현하기도 한다. 의미 없는 친구 맺기에 집착하는 사람들의 특징 가운데 하나는 옳고 그른 것과 다름의 문제에 대한 구분이 없다는 점이다. 옳고 그름의 문제도 다름의 문제와 동일시한다. '좋은 게 좋다'는 결과중심의 사고를 하는 사람 역시 옳고 그름의 문제에 대해 훨씬 덜 민감하다.

명백히 옳고 그름의 관점에서 파악해야 하는 것을, 서로 생각이 다르니까 있을 수 있는 일로 치부한다. 예를 들어서 시험 때 커닝을 한 행위를 두고 A라는 사람은 옳고 그름의 문제로 보고 커닝은 잘못된 행동이니 수험생들이 커닝을 하지 않을 방안을 모색하자고 한다. 반면에 B는 살다 보면 커닝을 잠깐 할 수도 있고 절대 못 할 행위는 아니라고 생각해서 굳이 예방책을 고민할 필요가 없다고 생각한다. '사람이 어떻게 옳은 행동만 하고 살겠는가. 심각하게 남한테 피해 준 것도 아니고, 적당히 넘어가자' 라는 게 B의 생각이다.

또 다른 경우를 보자. 어떤 사람에 대한 존경심을 힘으로 강요할 수 있다고 생각하는 것은 '다른' 생각이 아니라 옳지 못한 생각이다. 그런 생각을 하는 사람들이 엉뚱한 법과 제도를 만든다면 세상이 어떻게 될까? 옳고 그름의 문제에서는 타협이 있을 수 없으며, '다름' 의 문제에 대해서는 협의와 조정이 필요하다는 게 내 생각이다.

나는 그래서 '적을 친구로 만드는 방법' 처럼 지나치게 상업적인 처세술에 반대한다. 반대로 적이 없으면 친구도 없다고 말하고 싶다. '만인의 친구' 가 될 수 있다는 말은 그 만인 가운데 누구와도 친구가 될 수 없다는 말과 같기 때문이다. 정치와 사업 영역에서 적을 친구로 만드는 일은 쉽다. '적의 적은 친구' 라는 논리에 기대어 공동의 적을 만들면 그 둘은 친구가 된다.

그러나 그럴수록 정작 '나' 에게서 점점 멀어질 수 있다. '가짜 친구' 를 사귀는 나 자신이 진짜 '나' 일 리가 없지 않은가. 그래서 결국 어느 한 사람도 진정한 친구로 만들 수 없고, 가장 가까운 '나' 에게서도 멀어지게 된다. 그때부터 '나' 는 내가 아니라 허깨비가 되는 셈이다. 그래서 진정한 관계는 나와의 관계에서부터 출발한다.

내가 원하는 나의 삶을 살 것인가, 다른 사람의 삶을 대신 살아갈 것인가? 내 속에 깊이 감추어 둔 'ㄱ'을 들여다보면서 시대가 요구하는 관계의 정석을 찾아보자.

관계 정석

3장

S·N·S

감지 말고 눈을 떠라

정석 1

관계의 목적을 분명히 하라

 바쁘게 살아도 나아지지 않는다

명절이나 가족들과 함께하는 특별한 날이 되면 매번 느끼는 감정이 있다. 잘 놀고 잘 먹고 잘 잔다는 것.

눈뜨고 지내는 시간 내내 쉴 새 없는 수다가 이어지다가 문득 조용하다 싶어 둘러보면 딱히 누가 먼저랄 것도 없이 다들 깊은 잠에 빠져 있다. 그러다 잠이 깨면 이것저것 주변에 널린 음식들을 나눠 먹고 그것들이 떨어지기 전에 아내는 맛깔 나는 음식을 준비한 후 식탁으로 불러 모은다. 때로 아내의 게으름이 발동할 때나 이동 중일 때에는 다른 간편식으로 때우거나 근처 맛집을 찾기도 한다. 그야말로 '먹방'이 따로 없다. 먹고 자고 떠들고, 또 먹고 자고 떠들다 보면 며칠이나 되었던 연휴가 순식간에 지나간다.

그와 동시에 오버랩 되는 일상의 장면들.

우리 가족에게도 아침 시간은 늘 부족하다. 대학에 재학 중인 아이들의 일정은 평일은 평일대로, 주말은 주말대로 학교며 아르바이트 등으로 꽉 차 있다. 스마트폰 알람이 몇 번씩 울고서야 잠자리에서 겨우 기어 나오는 아이들에게 제대로 밥 먹을 시간이 있을 리가 없다. 늘 허둥대면서 씻고 준비하다 보면 빠짐없이 챙겨 나가기는 하는가 싶을 만큼 급한 아침이 시작된다. 점심은 대충, 저녁조차 집 밖에서 때우고 밤늦게 귀가하는 아이들에게 언젠가 어느 정치인이 대통령선거 후보로 나왔을 때 내놓은 '저녁이 있는 삶'이 있을 리 만무하다. 그러니 '요즘 아이들은 잘 먹지 않는다'는 어른들의 걱정은 적어도 절반은 잘 모르는 말씀들이다. 잘 먹지 않는 것이 아니라 잘 먹을 시간이, 푹 잠잘 수 있는 시간이 절대적으로 부족하다. 굳이 청년들만 그런 것은 아니다.

'꼰대'인 나도 늘 잘 먹고 잘 자는 것은 아니다. 평소에 '이식이'라는 오명을 덮어쓴 지 오래되지만, 특히 휴일이면 하루에 다섯 번, 여섯 번씩이나 먹을거리를 찾아 아내를 귀찮게 한다. 그러나 평일은 퍽 바쁘다. 그리고 가끔 평일에 마저 하지 못했던 이런저런 작업들을 금요일 밤이나 주말에 몰아서 해야 하는 날이면, 그 뒷날엔 단 한

끼의 식사도 하지 않은 채 잠만 내리 잘 때도 있다. 그런 나의 아침 역시 아이들과 크게 다르지 않다.

평균수명 100세라는데 은퇴준비는 아직 까마득하고 제 딴엔 걱정 없다고는 하지만 부모 눈에 아직 덜 찬 아이들을 보고 있자면 불안 할 뿐이다. 대기업과 중소기업, 정규직과 비정규직의 소득수준 및 근무환경 차이가 뚜렷한 현실에서, 전체 경제활동인구 가운데 대기 업 정규직 인원이 약 10%에 불과(국민일보, '정규직 10명 중 9명 여전히 윗목에 서 떤다', 2015.2.11.)하고, 극심한 취업난을 반영하듯 구직단념자 비율마 저 50만 명(YTN, '구직단념자 급증', 2015.2.20.)에 이른 시대이니 단 하루 도 발 뻗고 마음 편히 쉴 수 있는 날이 없다.

한창 성장기의 청소년들이라도 좀 달라야겠지만 우리나라 고등학 생들의 평균 수면시간은 5시간 27분으로, 4년 전 같은 조사에서보 다 1시간이나 줄어들었다. 아이, 어른 할 것 없이 대다수 국민 모두 만성적인 수면부족에 시달리고 있는 셈이다(한국청소년정책연구원, '한국 아동, 청소년 인권실태 연구조사', 2013년).

끝없는 경쟁을 통해 더 강한 사람을 요구하는 시대에서 저녁이 있 는 삶을 사는 사람들이 있느냐? 하고 당연하게 말하는 사람들이 있 다면, 이렇게 되묻고 싶다.

"그렇게 말하는 너희는 도대체 누구냐?"

어쩌면 그는 우리 안의 'ㄱ홍길동'일 수도 있다.

우리 안의 'ㄱ홍길동'. 그것은 아마 자신이 지금껏 서 있었던 자리를 지켜내고 싶은 마음일 것이다. 그런데 그 자리에서 잠시 내려서 보면 금세 안다. 내가 지켜왔던 그 자리는 어쩌면 나 스스로 선택했던 자리가 아니었을 수도 있다. 오히려 그 자리에서 내려섰을 때, 그동안 잊고 있었던 나의 진정한 자존심과 만날 수 있다. 그것이 나는 '행복'이면 좋겠다.

설령 지금 내가 혼자 있는 공간에서조차 다른 사람과의 관계가 존재한다는 사실에 동의한다면 우리의 행복은 '관계'를 떼어놓고 생각할 수 없다. 즉, 우리가 관계하는 이유는 진정으로 행복을 원하기 때문이다. 행복이 관계의 목적이 되어야 하는 이유다.

정석 2

관계 행복, 플랫폼을 바꾸자

 우리가 행복과 멀어지는 이유

오연호 기자의 책 『우리도 행복할 수 있을까?』는 행복지수 1위인 덴마크를 수년 동안 몇 차례에 걸쳐 탐방한 경험을 토대로 쓴 책이다. 이 책에서 그는 덴마크의 행복키워드로 자유, 평등, 안전, 신뢰, 이웃, 환경 등 여섯 개의 단어를 꼽았다. 첫째 키워드인 '자유'는 누구나 원하는 일을 선택할 수 있다는 뜻이며, 두 번째 '평등'은 누구나 직업과 빈부에 상관없이 존중받을 수 있다는 것을 의미하고, 세 번째 '안전'은 어떤 상황에서도 사회가 나를 보호하고 있다는 마음, 네 번째 '신뢰'는 자기 소득에서 무려 50%에 가까운 세금을 내면서도 정부가 그 돈을 허튼 곳에 쓰지 않으리라는 믿음, 다섯 번째 '이웃'은 언제나 마음을 나눌 수 있고 의지할 수 있는 관계, 그리고 마지막 여섯 번째 '환경'은 살기 좋은 환경을 스스로 만들어가는 것이 중요하다는 것이다.

우리도 행복할 수 있을까?

그에 대한 대답은 자명하다. 이미 꼴찌수준인 행복지수, 그 가운데서도 경제인구의 핵심인 40대 행복지수는 바닥으로 추락했고, 특히 다른 나라들의 행복지수가 대체로 40대에 가장 낮고 그 이후부터는 상승하는 'U자형'인 반면 우리의 그것은 나이가 들수록 우하향으로 떨어지는 심각한 지경이다. 이에 대해 서울연구원의 변미리 선임연구위원은 "경제적 불안과 함께 어떻게 관계를 맺고 어떤 생활을 해야 하는지에 대한 답이 없기 때문"이라고 설명한다.

이런 형편에서 각종 SNS에 욕설이 난무하는 것만을 나무랄 일은 아니다. 우리의 오늘이 그만큼 한가롭지 않다. 그렇다고 미래를 향한 희망조차 포기할 수는 없다. 그러면 정말 우리에게는 아무런 행복이 없다.

그렇다면 덴마크를 세계 최고의 행복국가로 만든 여섯 가지 키워드는 정말 우리에게 어울리지 않는 것일까? 도대체 그 여섯 가지 키워드들이 무엇 때문에 우리 사회에서 이렇게 멀어졌을까?

우리의 국민성? 지구에서 유일한 분단국가? 후진적이라 평가받는 정치? 흔히들 이야기하는 지역 차별? 지연·혈연·학연으로 상징되는 끼리끼리 문화? 아니면 빨리빨리 문화? 신분의 차별이 당연시되었던 유교문화의 잔재? 억압과 오랜 군부독재시대가 낳은 후유증? IMF? 글로벌 금융위기?

생각해 볼 수 있는 하나하나를 따지자면 크든 작든 그 원인이 아닌 것들이 없겠지만, 이 모든 것에 영향을 미친 것으로는 단연코 '교육'을 손꼽을 수 있다. 교육은 곧 문화, 즉 그 국민의 보편적인 사회성을 형성하며 마치 뫼비우스의 띠처럼 국민성으로까지 연결된다. 우리 사회에는 아직도 신분의 차별을 당연시했던 유교교육의 잔재가 남아있듯 한마디로 교육은 옷감을 서서히 물들이는 천연물감처럼 시간이 많이 걸리지만 한 번 배어들고 나면 쉽사리 씻어낼 수 없는 강력한 힘이 있다. 그래서 교육을 백년지대계로 일컫는다.

되돌아보면 우리에겐 유교문화에 덧입혔던 일본의 식민교육이 있었다. 일본패망 당시의 마지막 총독이었던 아베 노부유키가 "우리는 조선에 식민교육을 심어놓았으니 조선이 원래의 찬란했던 영광을 되찾으려면 백 년이 걸릴 것"이라고 말했다는 출처 불명의 유언비어가 퍼질 수 있었던 것은 기본적으로 대부분의 사람이 백년지대계(百年之大計)라는 교육의 영향력에 동의하기 때문에 가능했다. 어쨌든 식민교육 역시 아직도 우리에게는 소위 '식민사관'이라는 이름의 역사왜곡으로 남아 있다.

우리가 할 수 있는 일은 '있다!'

해방 이후의 우리 교육은 사회정치적 혼란과 한국전쟁 등을 겪으면서 제대로 된 정체성을 회복하지 못하다가 마침내 1968년에 제정 공포된 국민교육헌장으로 다시 확립됐다. 민주화 이후인 1994년에 사라지기 전까지 그 헌장은 내가 초중고 시절 가장 많이 읽고 듣고 보았던 교육에 관한 헌법이었으며, 청년들에게 '꼰대'로 불리는 현재의 장년층 대부분에게 많은 영향을 끼쳤다. 국민교육헌장에 새겨진 내용 가운데 '타고난 저마다의 소질을 계발하고', '나라의 융성이 나의 발전의 근본임을 깨달아……'라는 대목들은 어린 나에게도 꽤 인상 깊었다.

그러나 그 헌장이 독재정치의 정교한 도구로 판정되어 마침내 폐기된 이유는 그 속에 '평등'이란 단어가 없었기 때문이다. 평등이 빠졌으니 그것을 보장할 '공정'은 더는 고민할 필요가 없어졌고 평등이 꽃피울 '자율'조차 기대할 수 없었다. 예를 들어 공부보다는 노래에 소질이 더 많은 학생이 자신의 노래 실력을 계발하겠다고 '자율'적 선택을 하려면 노래 실력은 없지만 대신 공부를 잘하는 다른 학생과 '평등'하게 대우받을 수 있을 때 가능한 일이다. 또한, 노래든 공부든 간에 자신이 가진 소질을 더욱 발전시키기 위한 경쟁도 필요하지만, 이를 평가하는 과정이 '공정'하지 못하다면 열심히 노력해야 한다는 당위성이 훼손될 수밖에 없다.

어쨌든 평등, 공정, 자율이 사라진 영향은 실로 엄청났다. '타고난 저마다의 소질' 들은 오직 1등을 위한 이기적 경쟁으로 내몰렸고, 세상에서의 평등 역시 사회적 권위와 재산이 만들어낸 불공정 앞에 힘없이 주저앉았다. 그때로부터 지금껏 과정이야 어떻든 남들보다 더 많이 가지고 더 높이 오르는 것만이 삶의 목표가 되다보니 나라가 융성해질수록 세대 간, 계층 간 갈등은 높아졌고, 점점 수직화 된 사회에서 천박한 갑질이 칼춤을 추었다.

사실 덴마크를 세계에서 행복한 국가로 만든 여섯 가지 키워드 가운데 세 가지 핵심키워드를 꼽으라면 나는 먼저 자유, 평등, 신뢰를 꼽겠다. 안전, 이웃, 환경은 그로 인해 생겨나는 당연한 결과로 생각되기 때문이다. 그런데 이 같은 자유, 평등, 신뢰는 국민교육헌장이 우리에게 빼앗았던 자율, 평등, 공정과 너무나 똑 닮아있다. 원칙적으로 그 세 가지 키워드, 즉 자유, 평등, 신뢰는 서로 촘촘히 연결되어 있다. 예컨대 내가 원하는 것을 선택할 수 있는 자유는 누구나 빈부와 직업의 종류와 상관없이 존중받는 평등이 뒷받침되어야 가능하기 때문이다.

물론 이 같은 키워드들은 개인이 감당하기엔 너무나 크고 엄청나 보인다. 당연히 부담스러울 수밖에 없다. 그건 정부나 정치인 등 사회지도자들의 몫이라 생각할 수도 있다. 그러나 그렇게만 생각하면 우리가 할 수 있는 일은 정말 아무것도 없다. 마치 이리저리 엉켜버린 내 스마트폰을 제대로 돌아가게 하려면 시스템을 완전 초기화하는 방법 외에 다른 대안이 없는 것과 같다. 즉, 잘못된 교육에서 파급된 사회 · 정치적 제도와 정책들이 완전히 혁신되기까지 기다리기에는 너무나 까마득하다. 족히 100년은 걸릴 것이다.

덴마크를 비롯하여 우리가 선진국이라 부르는 대부분의 나라가 적어도 그 정도의 시간을 거치면서 오늘의 민주적 성숙을 이루었다. 반대로 우린 너무 급했고, 그런 만큼 너무 심하게 체해 버렸다. 그러니 정말 우리의 고단한 삶이 변화하기를 바란다면 더디더라도 정부와 사회에 요구할 건 요구하면서도 동시에 내 안에 도사린 'ㄱ홍길동'을 지우는 노력을 하는 병진(竝進) 전략이 필요하지 않을까. 그런 사람들이 많아질수록 우리의 행복한 내일이 조금씩 앞당겨지지 않을까.

나는 이 세 가지 핵심 키워드인 자유, 평등, 신뢰에 한 가지씩 더 보태고 싶다. 즉, 자유에 요구되는 '책임'과 평등을 보장할 '공정에 대한 감시', 그리고 신뢰와 밀접한 친구, 즉 '관계'인데, 나는 우리가 불행하다고 느끼는 대부분의 요소는 세 가지 복합키워드(자유+책임, 평등+공정, 신뢰+관계)에 직접 맞물려 있다고 생각한다. 지금부터는 이 세 가지를 차례로 이야기하려고 한다.

정석 3

자유는 쟁취하는 것이다

 하고 싶은 일 vs. 돈 되는 일

먼저 자유와 책임을 짚어보자.

예를 들어 내가 연기자가 되고 싶어 그 길을 선택했다면, 인기스타가 되기 전까지는 남들과 같은 수준의 소득은 포기해야 한다. 앞서 말한 대로 자유에는 책임이 따른다. 내가 원하는 직업을 선택한 자유에 대해 재정적인 책임을 져야 한다.

여기서 중요한 것은 '남들과 같은'이다. 공무원 시험에 매달리는 사람들 가운데 그 직업을 진정 원하는 사람들도 물론 있겠지만, '남들과 같은' 또는 '남들보다 나은' 재정적인 안정을 원하기 때문에 자신이 하고 싶은 일을 버리고 선택한 사람들도 있을 것이다. 자신이 하고 싶은 일을 할 자유를 포기 혹은 타협했다. 반면 연기자가 되고 싶은 자유를 끝까지 지켜낸 사람들 중에는 그로 인해 당연히 감당해야 할 경제적 궁핍을 기꺼이 감수한 사람들도 많다.

지금은 성공한 연기자의 반열에 올라 있지만 배우 지성과 고수도 한때 노숙생활을 했고, 가수 김장훈과 동방신기 멤버 유노윤호, 유명 트로트 가수 박상철, 쎄시봉 가수 송창식도 마찬가지였다고 한다 (위키트리, '한때 노숙생활을 한 유명인 15인', 2015.2.12.).

그들이 노숙하면서까지 경제적 궁핍을 감당할 수 있는 이유는 자신이 정말 하고 싶은 일에 대한 갈망이 강했기 때문이다. 그들은 연기할 수 있고 노래를 부를 수 있는 것 자체만으로도 행복했다. 그러니 '남들과 같지 않은' 수입 제로의 노숙생활을 이어가면서도 자신이 선택할 수 있는 자유를 끝까지 포기하지 않았다. 그래서 자유는 용기가 필요하다.

그러나 자유가 용기를 필요로 하는 근본적인 이유는, 자유란 그저 주어지는 것이 아니고 '쟁취' 해야 하기 때문이다. 그렇다고 내가 여기서 한국의 민주화운동 등과 같은 거창한 이야기를 하려는 것은 아니다. 내 책임을 다하는 것만이 내가 하고 싶은 일을 선택할 자유를 쟁취할 수 있는 수단이라는 뜻이다. 바로 그 책임을 기꺼이 감당하는 것이 용기인 것이다.

반면 그 같은 책임이 두려워 전혀 하고 싶지 않은 직업을 선택한 후 삶의 기쁨을 찾지 못하고 불평불만 일색의 삶을 살아가는 사람들도 많다. 경제적인 여유가 있지만 행복하지 않은 사람들이다. 심지어 '남들보다' 더 많은 돈을 버는 사람들 가운데 오히려 생활비 부족을 호소하거나 일반적으로 이해하기 힘든 패륜적 행위로 언론에 오르내리는 경우도 있다.

대체로 그런 사람들은 '돈을 쓰는' 행위로 자신이 포기한 자유를 보상받으려고 한다. 순간적이면서도 강렬한 희열을 제공하는 데 있어 소비만큼 좋은 수단은 없다. 그런 행위가 반복되면서 소비가 습관화되고 자신도 모르는 사이 소비중독증에 빠져들면서 아무리 많은 돈을 벌어도 생활비가 부족해지는 악순환에 시달리게 된다.

반면에 용기 있는 책임을 통해 자유를 쟁취한 사람들은 '남들보다' 부족한 소득을 자신이 하고 싶은 일을 하고 있다는 즐거움으로 대체해 나간다. 그러다 보면 스스로 소비를 통제할 수 있는 자족의 능력도 높아진다. 자족할 수 있는 사람은 대체로 자존감도 높다. 여기에서 자존감이란, 다른 사람과의 외형적인 비교를 통한 값싼 자존심이 아닌 자기애에 바탕을 둔 진정한 내면적 자존감을 뜻한다.

자유를 포기하면 진짜 관계, 진짜 행복도 없다

시대적으로도 이제는 자유를 포기하는 대가가 과거와 비교하면 훨씬 빈약하다. 영화 〈국제시장〉에서와 같은 과거 시대 연대기처럼 우리가 한창 성장기였을 때는 자신의 꿈보다 가족의 생계를 위해 직업을 선택했더라도 열심히만 하면 어느 정도 승진이 보장되었고 빚을 내어 장만한 집값이 올라 재산을 불려주었지만 지금은 아니다. 그리고 앞으로도 아닐 가능성이 크다.

그렇다면 이제 어떤 관점에서 일과 직업을 선택하는 것이 좋을까? 당장의 안정을 포기하여 재정적으로 힘들지라도 자유를 선택할 때의 기대이익이 훨씬 더 크다.

물론 돈보다 하고 싶은 일이 더 중요하다고 말하는 건 결코 아니다. 오로지 돈의 관점에서 일을 선택하면 결과적으로 불행해질 수 있다는 말을 하는 것이다. 또한 자신이 하고 싶은 일을 하는 사람은 대단히 끈덕지게 노력하기 때문에, 그 노력과 흥이 결국 돈을 만들어낸다. 돈을 좇는 것이 아닌 돈이 나를 따르게 하는 셈이다.

KBS TV에서 방영한 〈글로벌 경제, 아시아 시대를 열다〉에 출연한 알리바바의 마윈 회장이 "다시 태어난다면 지금처럼 살지 않을 것"이라고 말하는 대목에서 본인은 물론 방청객 모두가 숙연해졌다. 그러면서 그는 "자기 자신과 가족을 위한 삶이 아니라 알리바바를 위한 삶을 살고 있는 지금의 현실이 꼭 행복한 것만은 아니다"라고 고백했다.

　마윈 회장의 이야기처럼 성공했다고 해서 반드시 행복한 것은 아니다. 우리의 수많은 관계 역시 성공을 향해있지만, 꼭 기억해야 할 것은 관계의 목적은 행복이어야 한다는 사실이다. 어쩌면 이 순간 내 삶에서 선택할 수 있는 자유의 폭이 어느 정도인지가 우리가 행복을 느끼는 기준일 수도 있다.

　우리의 관계도 마찬가지다.

　내가 먼저 자유하지 못한다면 다른 사람들과도 진정한 관계를 맺기 힘들다. 자유를 포기한 나의 선택을 포장하고 합리화하는 동안 점차 진정성이 약해진다. 특히 내가 원했던 자유와 현실 사이에서 발생한 공허감을 채우기 위해 SNS를 이용한다면, 그렇게 만들어진 수천 명의 '친구'들 속에서도 진정한 행복을 찾기 어렵다. 행복하지 못하다고 느낀다면 그것은 사회·정치적인 제도나 정책들과 함께 나 자신에게도 어느 정도 원인이 있는 것이다. 즉, 부모의 바람이나 남들이 보기에 그럴 듯한 직업에 맞추기 위해 자유를 포기한 나의 문제가 서슬 퍼렇게 존재한다.

정석 4

평등할 수 없다면 관계도 없다

 평등을 인정할 수 없는 이유, 우리 안에 있다

우리가 명심해야 할 것은 앞으로는 자유를 선택할 때의 기대이익이 점점 커지는 시대라는 것이다. 이제는 전통적인 관점에 휘말려 일을 선택할 필요가 없다. 그러나 그런 선택을 어렵게 만드는 사람들은 많다. 이들이 우리의 선택을 어렵게 만드는 방법은 '우리가 결코 평등하지 않다'며 이런저런 사례들을 집요하게 주입하는 일이다. 예컨대, 장관 등 고위공직자를 임명할 때 반드시 거치게 되어 있는 국회청문회에서 '다소 흠은 있지만 능력이 있다.'는 논리로 통과되는 경우가 많은데, 그때의 '다소의 흠'이 일반 국민에게 적용될 땐 대부분 범법자 수준의 사안들이다. 그렇게 우리는 분명 불평등하다.

정부와 기업은 물론 대기업 노동조합도 마찬가지다. 당장 실업률 개선효과를 앞세워 같은 시간을 일하고도 전혀 다른 대우와 사회적 차별을 수용하도록 앞서서 조장한다. 직업 선택의 자유는 모든 직업에 대한 동등한 대우와 인정이 깔렸어야 지켜질 수 있다. 하지만 대기업들을 중심으로 철저히 수직화된 계열하청시스템을 통한 차별적 대우가 일반화되어 있는 배경에는, 기업이익을 보호하려는 정부는 물론 고임금에 길들여져 그 같은 차별에 눈감아 왔던 소수의 대기업 노동조합이 있다. 덧붙여 그런 대기업 노동조합에 속한 근로자들의 높은 고임금이 착시현상을 불러 일으켜 상대적으로 열악한 전체 노동자들의 급여인상과 근로환경 개선을 막는 이유가 되기도 했다는 점은 우리 사회에 만연한 불평등이 개인 직업선택의 자유를 얼마나 조직적으로 방해하고 있는지 잘 나타내 주고 있다.

 부모들도 예외는 아니었다

그들은 이 땅의 수많은 직업이 결코 평등하지 않다는 것을 직접 체험하며 살아왔기에 그 누구보다 집요하다. 그 결과 우리는 어릴 때부터 귀에 못이 박히도록 좋은 대학과 좋은 직업 또 좋은 직장에 대한 이야기를 들으며 자랐다. 고등학교나 대학교, 심지어 내 돈을 내고 다닌 사설학원에서조차 해마다 좋은 대학에 입학하거나 좋은 자격증 시험에 합격한 졸업생들의 이름을 큼지막하게 적어 대문 앞에 펼쳐 놓은 대형 현수막은 다른 대학이나 직장에 합격하거나 혹은 대학 대신 취업을 선택한 졸업생들에게 '교육의 이름'으로 세상이 결코 평등하지 않다는 것을 친절하게 알려준다. 그리고 졸업식 날, 우리의 부모들은 자식들이 당하는 그런 수모에도 불구하고 어느 한 사람 그 같은 비교육적인 폭력을 따지는 사람도 없이 소위 좋은 대학, 좋은 직업에 합격했다는 다른 졸업생들의 이름이 적힌 현수막 아래를 유유히 지나치며 금쪽같은 당신의 자식들을 기꺼이 들러리 세우고야 만다. 그때부터 착한 아들, 딸들은 세상이 결코 평등하지 않으며 직업에는 분명 귀천이 있다는 사실을 인정하면서 모든 공교육을 불신했을 것이다. 또한 부모 입장에서는 아마 제 자식에 대한 무언의 압력이었고, 속은 쓰리지만 아직 세상을 모르는 자식에게 현실을 깨우쳐 주고 싶다는 사랑이었을 것이다. 하지만 부모의 그같은 침묵은 자녀들에게 현실을 강요하는 발판이 되었다. 앞서 말한 것처럼 침묵의 결과는 결코 가볍지 않다.

그런 점에서 학원들은 차라리 솔직하다. 적어도 학교처럼 공의(公義)를 가르친다는 가면을 쓰고 있진 않다. 가르치는 대로 잘 따라 가기만 하면 부모와 학생이 원하는 답을 알려준다. 그러니 학교에서 아예 잠을 자거나 학원에서 내준 숙제나 문제집을 풀고 있더라도 전혀 이상한 일은 아니다. 우리의 교육은 학교와 부모가 서로 '공모' 하여 그렇게 대물림됐다.

우리의 마지막 상대, 'ㄱ홍길동'

그렇게 자라 성인이 된 사람들은 누구나 가슴 속에 저마다의 'ㄱ홍길동'이 있다.

'ㄱ홍길동'은 아직 자신의 이름이 큼지막하게 쓰인 현수막을 집밖에 걸어본 적이 없는 사람이거나, 설령 있었더라도 그것으로 만족할 수 없는 사람들이다. 우리가 원하는 자유와 그 바탕이 되는 평등을 위해 싸워 이겨내야 할 마지막 상대는 우리 안에 있는 'ㄱ홍길동'이다.

예컨대, 모든 부분에서 꼭 누군가의 앞에 서야 할 필요는 없다. 설령 학교성적에서는 맨 뒤에 있더라도, 그래서 쉽게 눈에 띄지 않더라도 그가 가졌을 다른 소질을 인정한다면 그때부터 우리는 함께 성장할 수 있다. 관계란 곧 상대방에 대한 인정과 믿음을 함께 나눌 수 있는 사람들과의 연대여야 하지 않을까?

원래의 내 이름을 인정하는 것은 진정한 자존감을 회복하는 것이며, SNS 친구 리스트에 있어야 할 원래의 자리와 순서에도 무심하게 만든다. 또한 다른 사람과 그의 역할을 인정하는 것은 새로운 사회적 가치를 만들어내는 가장 손쉬운 방법이며, 누구나 원하는 '평등'에 조금씩 다가서는 일이다. 물론 쉽지만은 않다. 관계를 통한 연대의식이 필요한 이유다. 행복은 성적순이 아니라는 말, 학교 열등생이 사회에선 우등생이 된다는 말, 그것 모두 사실이다. 인생을 길게 살아온 부모들은 그것을 이미 잘 알고 있으면서도 정작 제 자녀들에게는 왜 다른 이야기를 하는지 참 알 수 없는 노릇이다.

또한 우리가 할 수 있는 최선을 다해 세상의 불공정을 감시해야 한다. 그건 개개인의 정치성향에 따라 편이 갈려서도 안 되며, 지연이나 학연은 물론 심지어 혈연으로 판단할 일도 아니다. 특히 공직자의 경우 이제 더는 능력이 도덕성에 우선되어서는 안 된다. 어쩌면 그가 자랑하는 능력조차 스스로 불공정의 수혜자였다는 사실을 증명하는 것일 수도 있다. 지금 우리가 불공정에 맞서지 못하면서 평등을 요구할 수는 없다.

신뢰는 저절로 유지되지 않는다

 혈연과 비혈연의 '감정터널'은 다르다

"그 사람이 나에게 어떻게 그럴 수 있어?"

오랫동안 관계를 맺어왔던 사람들이 어떤 이유로든 사이가 크게 틀어질 때 자주 하는 말이다. 한 번이라도 그런 경험을 하면 그 이후 모든 관계가 조심스러울 수밖에 없다. 사람은 누구나 '나르시시즘' (Narcissism)이라 불리는 자기애(自己愛)가 있고, 가까운 사람들과의 관계에서 서운하거나 상처 되는 말 또는 행위를 받으면 그 본능이 솟아오르면서 문제의 원인을 상대방에게 덮어씌우는 경우가 많다.

누가 봐도 상대방의 분명한 잘못, 정말 그가 나한테 그러면 안 되는 경우도 있겠지만, 사실은 서로가 서로에게 '저 사람이 나한테 잘못한 거야.'는 생각을 할 때가 더 많다. 잘못의 원인으로 상대를 지목하는 손가락이 교차할수록 갈등이 생기고 싸움이 일어나 끝내 이별을 한다. 그것도 모자라 서로를 헐뜯는 원수가 되기도 한다.

그와는 정반대로 서로 죽자고 싸우다가도 언제 그랬냐는 듯 서로 시시덕대는 사이도 있다. 부부와 형제자매, 부모와 자녀 등 주로 운명적인 관계에서 자주 일어나고, 나 역시 그런 숱한 기억들이 남아 있다. 역시 피는 물보다 진하다.

물론 그런 싱거운 말을 하려는 것은 아니다. 흔히들 가까운 사람들이 오히려 더 깊은 상처를 준다는데 그 단적인 관계가 가족이다. 동시에 가장 쉽게 회복되는 관계 또한 가족이란 사실에서 '신뢰'에 대한 여러 가지 생각을 할 수 있다.

가족이나 초등학교 동창생 등과 같이 오랫동안 운명적이면서도 자연스럽게 관계를 맺어온 사람들 사이에는 '감정터널'이란 것이 형성되어 있다. 즉, 다른 사람이 들었을 땐 '어떻게 저런 말을?'이라고 할 정도의 욕설이나 마음을 상하게 하는 말 조차도 대수롭지 않거나 오히려 친근감의 표현으로 받아들이는 것이다. 순간적으로 감정이 상하더라도 언제든 쉽게 회복될 수 있는 관계인데, give의 순수성이 높을수록 회복도 역시 높다.

그렇지 못한 타인과의 관계, 특히 직장동료나 사회적 혹은 상업적 이해관계로 맺어진 사람들 사이에선 정말 특별한 사이가 아니라면 그처럼 순수한 감정터널이 생기는 경우는 드물다. 말하자면 give의 순수성이 떨어지는 관계인 경우로, 상처 되는 말 혹은 행동 하나가 그동안 좋았던 관계를 영원히 회복할 수 없게 만들어버린다. 즉, 한 마디 말 혹은 행동이 그동안 받아왔던 100가지 감사를 깡그리 지워 버리는 것이다.

 ## 그가 나에게 어떻게 그래? vs. 그는 결코 그럴 사람이 아니야

'그가 나에게 어떻게 그래?' 라는 마음에는 당연히 '그동안 내가 어떻게 했는데?' 라는 보상심리가 포함되어 있다. 상대방 역시 똑같 은 생각을 하고 있다. 그러니 평소 두 사람의 관계를 알고 있던 주변 인으로부터 "둘 다 똑같다."라는 소리를 듣는다.

자기 자신의 행위에 더 큰 가치를 부여하는 심리를 일컫는 '나르 시시즘'(Narcissism)은 누구에게나 있다. 그러니 타인과의 관계에 서도 그동안 내가 상대에게 해왔던 give에 상대가 나에게 주었던 give보다 더 큰 가치를 부여할 수밖에 없다. 물론 상대에게도 같은 심리현상이 있을 것이므로 두 사람의 '나르시시즘'이 충돌하여 둘이 똑같아지면서 서로에 대한 진심조차 헷갈리게 된다.

또한 우리에게는 기억상실증이 있다. 기억의 상실은 그 기억이 나에게 새겨졌을 때의 시간과 밀도와의 상관관계로 정해질 것이다. 예컨대 시간이 약인 경우도 있지만 아무리 많은 시간이 지나도 잊히지 않는, 심지어 절대 잊지 말아야 한다는 결의로 꾹꾹 눌러놓은 기억도 있다. 이 또한 당연히 '나르시시즘'의 영향을 받는다. 즉, 내가 상대에게 주었던 give가 내가 상대로부터 받았던 take보다 훨씬 더 오래 기억된다. 내가 준 것을 유독 잘 기억하고 상대로부터 받은 것을 쉽게 잊는 것은 '선택적 기억상실'이라고도 할 만하다.

사람에게는 누구나 좋은 점과 좋지 못한 점이 함께 있다. 그래서 공로와 허물이 반반이라는 뜻의 공과상반(功過相半)도 생겨났다. 때문에 좋은 관계는 결코 본능만으로 유지될 수 없고 다분히 의지가 필요하다.

'그는 결코 그럴 사람이 아니야.'

어떤 일에 대해 이러한 결말을 내기 위해서는 상당한 의지가 필요하다. 물론 가족이나 고향 친구처럼 확고한 감정터널이 형성되어 있는 사이라면 '상당한' 의지가 필요 없을 수도 있다. 약간의 시간이 지나고 순간의 흥분이 가라앉게 되면 저절로 생겨나면서 헷갈렸던 진심도 다시 제자리를 찾게 된다. 그러면서 이내 누가 먼저랄 것도 없이 미안한 감정이 생긴다.

그러나 타인과의 관계, 특히 오프라인에서의 관계보다 SNS 관계에 더 익숙한 사람 사이에서는 상대방을 이해할 여지를 쉽게 보이지 않는다. 그가 정말 그런 사람인지 아닌지를 생각할 겨를도 없이 관계를 끝내겠다는 선택을 하기 쉽다. 때문에 '그는 결코 그럴 사람이 아니야.'라며 상대를 신뢰 하려면 '친구 맺기'로 상징되는 관계의 가벼움에 젖어서는 안 되며, 관계의 진정성을 유지하고 발전시키기 위한 '상당한' 의지가 필요하다.

그가 나에게 어떻게 그래? vs. 그는 결코 그럴 사람이 아니야.
어느 뚜껑을 따느냐에 따라 전혀 다른 기억들이 쏟아져 나온다. 그러나 앞의 뚜껑은 저절로 열리지만, 뒤의 뚜껑은 노력하지 않으면 절대 열리지 않는다. 결국, 관계는 노력의 산물이다. 나도 그리고 'ㄱ홍길동' 님 당신에게도.

정석 6

그래도 본질이다

 시한부 60대 & 불확실한 20대, 우리 삶의 본질은?

시인 조병화는 그의 시 〈헤어지는 연습을 하며〉에서 우리가 세상에 와서 알아야 할 일이 '떠나야 하는 일'이라며 그것을 위해 '두고 가는 것'을 배워야 한다고 말했다. 그만큼 인생은 모든 것을 두고 떠나야 하는 쓸쓸한 투쟁이며 쓸쓸한 노래라는 친절한 설명도 덧붙인다.

2015년 2월 13일. 명동에 있는 밋플하우스 이든스테이블 4층에서는 청년과 장년, 생명과 죽음의 듀오강연이 열렸다. 진단 후 3년 생존확률이 5%에 불과하다는 췌장암 환우 류왕수 선생과 그때 막 해병대를 제대한 청년 이지웅 씨의 듀오강연으로 꾸민 '헤어지는 연습을 하며 사세' 톡파티였다.

당시 만 60세 였던 류왕수 선생은 그 강연이 있기 10개월 전, 갑자기 나타난 심한 황달을 치료하기 위해 방문한 병원에서 전혀 뜻밖의 췌장암 진단을 받았다. 그때 이미 췌장암이 간으로 일부 전이되어 황달 현상이 나타났던 것이다. 다행히 비교적 초기라는 진단을 믿고 수술을 해 보았지만 상태는 여의치 않았다. 동시에 항암치료가 시작되었지만 너무 고통스러웠다.

그렇게 얼마의 시간이 흘러가던 어느 날, 문득 류 선생은 앞으로 언제까지일지 모를 시간을 오직 육신의 생명을 늘리려 몸부림치고 있는 자신의 모습에 한없이 초라함을 느꼈다. 동시에 60여 년을 살아왔던 지난 삶의 기억들이 파노라마처럼 스쳐 지나가는데, 힘들고 나빴던 기억들은 잠깐, 대부분 즐겁고 좋았던 기억들이었다.

"참 감사하다."

그의 입술에서 그런 말이 툭 튀어나오면서 눈물이 죽 흘러내렸다. 그리고 그는 항암치료를 중단했다. 대신 앞으로의 하루하루를 육신의 생명을 늘리는 데 사용하지 않고 그때까지 살아오면서 발견했던 삶의 기쁨을 나누는 일에 쓰기로 하면서, 나와 함께 '헤어지는 연습을 하며 사세' 라는 주제의 톡파티를 기획하여 강연을 시작했다.

또 한사람 한때 윈드서핑 한국대표를 지내기도 했던 청년 이지웅 대표는 당시 만 25세였다. 대학교에서 ROTC를 마치면 당연히 장교복무를 시작해야 하는 관행을 깨고 예상되는 불이익을 감수하면서 단돈 30만 원을 들고 유럽 14개국 배낭여행을 떠났던 대책 없는 청년이다. 그 후 우여곡절 끝에 장교복무를 마친 다음 그의 경험을 토대로 『두렵다, 그래도 나는 간다』라는 제목의 배낭여행 책을 출간하면서 지금은 여행전문가로도 많은 강연을 하고 있다. 그러나 더 놀라웠던 것은 책의 출간이나 강연이 아니라 그 나이에 붙든 그의 비전이다.

사람을 좋아하는 만큼 사람들이 힘없이 고통 받는 것을 싫어한다는 그는 '소비를 통한 기부문화'를 정착하여 캄보디아, 아프리카, 남미 등 교육과 의료혜택을 받지 못하는 제3국가에 학교와 순회진료식 의료시설을 짓고, 그들이 최소한의 평등한 인간적 권리를 누릴 수 있도록 의료와 교육 인프라를 구축하겠다는 목표를 가지고 있다. 이미 그는 목표를 구체적으로 실행에 옮겨 자신의 책 『두렵다, 그래도 나는 간다』의 판매 수익금 전액을 캄보디아 집짓기 프로젝트에 기부하고 있다. 또 착한 브랜드 D'LUV(딜럽, www.dluv.co.kr)을 론칭하여 캄보디아의 빈민가 아이들의 그림을 모티브로 한 의류 및 패션 아이템을 제작, 판매하고 있다. 물론 판매 수익금은 제3국가 아이들을 위한 교육 및 의료지원에 사용된다.

그와의 인연은 우연찮은 기회에 그의 멋진 비전을 알게 된 내가 그의 책을 20권 사기로 하면서 시작되었다. 그런데 문득 내가 책을 구매하여 주변 청년들에게 나누어주는 것도 좋지만, 시간과 비용을 들여서라도 이왕이면 더 많은 사람에게 그의 선한 계획을 알리고 동참케 하는 기회를 만드는 것이 더 좋겠다는 생각이 들었다.

머리를 맞댄 끝에 2014년 12월 22일, 송년특집 'Love & Share' 그랜드 톡파티를 열었는데, 다행히 많은 사람이 참여하여 그의 열정적인 강연과 청년뮤지션들의 찬조 공연을 통해 큰 감동과 즐거움을 나누게 되었다. 덕분에 준비했던 책도 모두 팔려나가고 때마침 제작했던 크리스마스카드까지 전량 매진되어 기부금 통장을 가득 채우는 귀한 열매를 맺었다.

두 사람과 각각 강연을 진행하면서 나는 그들이 함께한다면 훨씬 더 강한 메시지를 사람들에게 전할 수 있을 것이라는 생각이 들었다. 사실 두 사람은 달라도 너무 달랐다. 25세의 젊음과 60세의 장년. 40년 가까운 나이 차이를 떠나더라도 청년 이지웅 대표는 세계를 품겠다는 원대한 비전으로 이제 막 용틀임을 시작했지만, 장년 류왕수 선생은 언제일지 모르는 죽음을 마주 보고 있었다. 그런 두 사람이 같은 시간 같은 무대에 선다는 것은 어찌 보면 전혀 어울리지 않을 수 있으며, 자칫 이질감까지 느껴질 수도 있다.

그러나 신기하게도 두 사람은 삶에 대한 메시지가 같았다. 나는 두 사람과 상의하여 듀오강연 '헤어지는 연습을 하며 사세' 톡파티를 기획했고, 2015년 2월 강연을 연 것이다. 우리들의 생각은 그날의 듀오강연에 참여한 청년들의 반응에서 그대로 확인되었다. 강연이 끝나고 이어진 청중들과의 대화에서 많은 질문이 쏟아져 나왔는데, 그 가운데 한 가지씩을 소개한다.

"류왕수 선생님께서는 췌장암이라는 진단을 받고 두렵지 않았는지요? 강연 내내 너무나 밝은 얼굴에서 어떻게 저럴 수 있을까, 궁금했습니다."

"물론 두려웠지요. 그렇지만 누구나 죽음을 맞습니다. 우리는 모두 떠나야 하는 사람들이지만 그 때를 알 수 없을 뿐이지요. 저도 여러분들과 똑같이 아직 그때를 알지 못합니다(웃음). 저에게 있어 췌장암은 늦었지만 그 당연한 사실을 깨닫게 해 준 선물이었어요. 그때부터 저는 제가 알지도 못하는 어느 시점에 집착하기보다 저에게 주어진 오늘 하루를 어떻게 하면 기쁘고 가치 있게 지낼 수 있을까, 그러면서 지나온 삶의 시간 동안 제가 받았던 기쁨을 세어 보니 어느덧 그 같은 두려움이 사라졌습니다."

"이지웅 대표께서는 ROTC 과정을 마친 후 당연히 가야 할 군대를 미룬 채 여행을 떠났는데요. 그로 인한 불이익을 생각할 때 정말 대단한 용기가 필요했다고 생각됩니다. 그런 두려움을 어떻게 이겨냈는지요?"

"저는 정말 여행을 하고 싶었습니다. 제가 간절히 원하는 것을 하는데 무슨 두려움이 있어야 할까요? 왜냐하면 저에겐 언제든 다시 시작할 수 있는 젊음이 있잖아요. 제 친구들 가운데는 대기업에 다니는 친구들도 많은데 그들 모두가 저를 부러워합니다. 그러면서도 정작 그들은 떠나지 못합니다. 그만큼 간절하지 않고 지금 가진 것들을 내려놓는 것이 두렵기 때문이라 생각합니다. 우리가 가진 것이 정말 별것 아니라고 생각할 수 있는 이유는 바로 '젊음' 아닐까요? 원하는 것이 있다면 그냥 하세요. 그냥 하시면 됩니다."

사람마다 위의 대화에서 다양한 생각과 느낌을 가질 수 있지만 내가 느낀 메시지의 핵심은 '삶의 본질'이었다.

그 강연이 있은 다음 달, 내가 호스피스병동으로 방문한 지 딱 1주일 만에 류왕수 선생은 떠났다. 부음 소식을 듣고 지인들과 함께 달려간 장례식장에서 욱하는 감정을 억누른 채 조문을 마치고 허전한 마음으로 맥없이 로비에 앉았는데, 함께 있던 지인이 이런 질문을 했다.

"그런데 말이야, 류 선생에게 정말 궁금한 것이 있어."

"…"

"강연 내내 밝은 모습이었는데, 평소에도 항상 즐거웠을까?"

"…"

 ## 삶, 양보다 질에 집중하자

어떻게 60평생이 항상 즐거웠을까?

형제 많은 가난한 집안의 맏이였던 그는 참 굴곡 많고 아슬아슬한 인생을 살았다. 그의 가족에 따르면 류왕수 선생도 울화통이 터질 때면 간혹 욕지거리를 할 때가 있었다고 한다. 그의 60년은 수고와 고통으로 가득했다. 그래서 신앙은 그의 삶을 지탱해 온 본질이었다. 즉, 기쁨과 즐거움보다 분노로 가득 찬 슬픔과 고통의 시간이 훨씬 더 많았지만, 그것들이 쌓이고 쌓인 깊은 좌절의 순간에는 그의 본질인 신앙을 통해 깨달은 즐거움으로 힘겨웠던 시간을 버텼다고 한다.

그는 늘 자신이 찾은 삶의 본질에 충실하게 살기 원했지만, 누구나 그렇듯 절대 쉽지 않았다. 그럴 때마다 그는 비켜가기보다 오히려 그 본질에서 대답을 찾으려 노력했으며, 마침내 발견한 희열이 본질을 추구하는 과정에서의 모든 고통을 한꺼번에 날려 보내며 살아왔다. 췌장암이라는 죽음의 두려움 앞에서 '인생은 결국 떠나는 것'이라는 깨달음은 그의 삶에 주어진 '선물'이라 할 수 있다.

마찬가지다.

청년 이지웅 대표가 ROTC 과정을 마친 후 모든 불이익을 감수한 채 여행을 떠나면서 그에게 단지 즐거움만 있었을까? 전혀 두려움이 없었을까? 아직 인생에 대한 총체적인 경험이 생겨나지 않았을 그에게 있어 삶의 본질은 '젊음'이었다. 젊음은 그에게 언제든 다시 시작할 수 있다고, 지금 가진 것이 정말 별것 아니라고 말했다. 그는 자신의 본질에 충실했기에 마음 가는 대로 했고 그날 그 자리에 설 수 있었다.

공부가 아무리 힘들더라도 그때까지의 수고와 고통은 바라던 목표의 성취를 통한 희열로 날려 보낼 수 있고, 비전을 향해 나아가는 과정이 아무리 어렵더라도 마침내 발견한 비전을 통해 보상받을 수 있는 것과 마찬가지다. 연극인은 연극을 통해 희열을 찾아야 하고, 마치 기계처럼 수천 번의 노래를 되풀이해야 하는 가수는 그래도 끝내 노래를 통해 즐거움을 회복해야 한다.

반대로 오늘이 힘들다 해서 자신의 본질을 벗어나 찾는 희열은 본질의 상실은 물론 자칫 그의 인생마저 더욱 깊은 수렁에 빠지게 한다. 예를 들어 사업가가 그 사업이 힘들다고 도박을 통해 스트레스를 풀다 보면 언젠가는 사업은 물론 자신의 인생마저 잃게 되는 경우와 같다.

좋은 관계란 순간이 힘들고 고통스럽게 느껴질 때, 상대방을 보면서 내 삶에 대한 본질을 붙들 수 있게 만든다. 두 사람을 통해 내 삶의 본질을 더욱 붙들 수 있게 되었다는 점에서 나는 그들과 각각 좋은 관계를 맺고 있었다.

곁가지로 두 사람의 듀오강연을 통해 내가 얻었던 지혜를 하나 더 나누어보면, 각자 살아온 시간이 무려 40년 가까이 차이가 나는데도 불구하고 두 사람이 각자의 삶을 풀어내는 데 필요한 시간은 비슷했다는 것이다. 즉, 두 사람에게 서로 쉬지 않고 자신이 살아온 삶에 관해 이야기해 보라 하면 어느 한 사람 먼저 그치는 사람은 없을 것이다. 오래 살았다고 해서 할 말이 많은 것도 아니고 짧은 연수를 살았다고 해서 할 말이 적은 것도 아니다. 시간이란 삼십 또는 오십을 살든 팔십 혹은 백 년을 살든 돌아보면 총알처럼 지나버릴 것은 매한가지다. 우스갯소리지만 이런저런 이유 때문에 몇 개월짜리 단기 복무로 군대를 마친 사람이 정규제대한 사람보다 더 길게 군대 이야기를 한다.

그렇듯 각자가 맞닥뜨린 서로 다른 삶의 경험들은 그만큼 다른 생물학적인 시간과 전혀 상관없이 각각 평등한 가치를 만들어낸다. 그러니 굳이 얼마를 더 살까, 얼마나 오래 살았는가 하는 것보다 오늘을 어떤 가치로 살까 하는 것이 더 중요한 일이면 좋겠다.

정석 7

참기름을 만든 것은 깻묵이었다

 당신은 사회적 강자인가, 약자인가

어릴 때 살던 시장통에 참기름 가게가 있었다. 시골 사람들이 가져 온 참깨를 기름틀에 넣어 강력한 힘으로 압착할 때마다 기름틀 한쪽 옆구리에 뚫린 작은 구멍으로 고소한 참기름이 줄줄 새어 나왔다. 그렇게 몇 번을 압착한 후 마침내 기름이 더는 배어 나오지 않게 되 었을 때 기계를 멈추고 기름틀 뚜껑을 열어 잔뜩 말라비틀어진 참깨 찌꺼기, 즉 '깻묵'을 꺼낸다. 지금도 그렇지만 당시에도 깻묵은 참 좋은 사료였다. 단백질 함량도 많고 지방질은 적어 닭 사료로 쓰거 나 유기농 비료로 만들어 각종 작물에 거름으로 사용했다.

장날이 되면 사람들은 항상 참깨를 가져왔고 얼마 지나지 않아 참깨는 다시 고소한 참기름과 깻묵으로 나누어졌는데, 그렇게 짜내는 참기름이 적게는 소주병 한 병에서 많게는 큰 맥주병 하나를 가득 채우기도 했다. 그 양에 따라 깻묵의 양 또한 천차만별이었다. 사람들은 참기름이 담긴 병은 아주 조심스럽게 받아가지만 볼품없이 찌그러진 깻묵은 그냥 버려두고 갔다. 가져가기도 귀찮거니와 굳이 그것 아니라도 시골에는 거름으로 사용 할 만한 것들이 지천이었기 때문이다.

언젠가부터 생겨난 '루저'(Loser)라는 단어를 들을 때마다 항상 그 깻묵이 떠올랐다. 참기름 가게에 참깨를 맡겼던 사람들은 나중에 다시 들러 참기름을 가져가면서도 볼품없는 깻묵은 버려두고 갔다. 그때 주인 손에 소중하게 들린 참기름이 깻묵에게 이렇게 말하는 소리가 들린다.

"너는 루저야."

시대의 변화가 빠르게 전개되고 사회가 복잡해지다 보니 새로운 단어들도 '신조어' 라는 이름으로 수없이 등장한다. 그 가운데 '사회적 약자' 라는 단어가 마음 한 쪽에 늘 불편하게 남아있다.

여러 검색창에서 '사회적 약자'를 검색해 보면 대체로 '신체적 · 문화적 특성으로 인해 사회의 주류 집단 구성원에게 차별받으며 자신도 차별받는 집단에 속해 있다는 의식을 가진 사람들'로 정리할 수 있다.

　내가 이 단어를 불편해 하는 이유는 그렇다면 나는 '강자'인가, 특히 '사회적 강자'인가 하는 스스로에 대한 질문 때문이다. 또한, 그것은 '내가 과연 영원히 강자일 수 있을까?' 하는 질문으로 이어진다. 게다가 우리 사회는 강자는 지극히 정상으로, 약자는 비정상이라는 시각으로 바라본다. 그런 점에서 나는 정상(사회적 강자)일까? 비정상(사회적 약자)일까? 도대체 우리 사회는 왜 정상과 비정상의 구분이 필요한가? '정상인'이 되려면 어떤 절차와 사회적 승인이 필요한가? 이렇게 의문은 꼬리에 꼬리를 문다.

　'사회적 약자'라는 단어에 대해 우리는 '돈 없는 가난한 사람'이거나 다문화 가정, 외국인 근로자, 장애우 등 사회문화적 소수자그룹으로 인식하고, 그것은 곧 '동정'과 잇닿는다.

　그렇다면 사회적 약자에게 필요한 것이 배려일까, 동정일까?

　대체로 우리는 사회적 약자를 이야기할 때 '동정'보다는 '배려'라는 표현을 훨씬 많이 사용한다. 심지어 '동정으로 느끼지 않도록 세심하게 배려해야 한다'는 안내까지 있을 정도다. '배려'는 도와주거나 보살펴준다는 의미로, 상대방이 어떤 처지에 놓여 있는지와 직접적인 상관관계가 없을 때가 많다. 반면에 '동정'은 다른 이의 어려운 사정을 가엾게 여긴다는 의미로, 상대방의 처지와 밀접한 관련이 있다.

배려 받는 대상이 될 때는 기분이 나쁠 것이 없지만, 동정의 대상이라면 불편한 감정이 드는 것이 사실이다. 동정은 나의 처지가 다른 이에 비해 낮은 상태일 때, 특히 경제적 처지가 안 좋을 때 받을 수 있기 때문이다. 그렇기에 동정이란 감정은 정말 조심해야 한다.

우리는 장애인이나 다문화 가정, 외국인 근로자 등 다양한 이들을 사회적 약자로 인식하고 있다. 하지만 이들이 진짜 사회적 약자일까? 일반적으로 사회적 약자라고 생각되는 사람에게 다른 이들이 다 알만큼 엄청난 재산이 있다면 누구도 그를 사회적 약자로 생각하지 않는다. 비록 그는 신체적으로나 문화적으로 다른 집단과 구별되는 뚜렷한 차이가 있다 하더라도, 그의 말이나 행동에 사회적 영향력이 생겨나면서 당연히 차별대우 따위는 받지 않을 가능성이 크기 때문이다. 즉, 우리가 인정하는 사회적 약자의 현실적 기준은 경제적 상황, 돈이다.

그래서 나는 사회적 약자라는 단어를 가급적 사용하지 않는다. 개념 자체가 불편하고 껄끄럽다. 그다지 돈이 있지도 않은 내가 '돈 없는 사람' 이라는 인식과 오버랩 되는 사회적 약자라는 단어를 거리낌 없이 사용하기 힘든 것이다.

나는 의도적으로 사회적 약자는 없다는 생각을 한다. 사회적 약자,

강자라는 인식이야말로 차별을 조장하고 불평등한 대우를 당연시한 다는 생각에서다. 많은 사람이 이러한 생각을 하고 사회적 인식의 습관으로 훈련되어, 우리 자신도 모르게 무의식적으로 사회적 약자 라는 단어를 쓰는 일이 없어졌으면 좋겠다. 그리고 무엇보다 그런 사람들이 정말로 줄어들 수 있도록 우리가 할 수 있는 일들을 실천 하면 좋겠다.

우리가 살아가는 시대는 수많은 SNS 도구가 뒷받침되는 공유의 시대이며, 이때 '공유'의 전제가 되는 기본적인 인식은 '평등'이다. 즉, 공유의 시대에는 어떤 특정한 재화나 콘텐츠의 소유 정도를 기 준으로 강자와 약자가 정해지는 것이 아니라 저마다 다른 개성과 생 각 혹은 삶의 경험과 이야기들이 평등한 가치로 인정되면서 다양한 공유를 통해 새로운 가치를 만들어내느냐가 중요하다.

누가 99%를 '깻묵'으로 만드는가

다시 참기름과 깻묵 이야기를 해 보자.

소위 '1% : 99%'의 논리로 재해석해보면, 참기름은 1%이고 버려 지는 깻묵은 99%에 해당한다. 참깨에서 그 둘을 그렇게 나누어 놓 은 기름틀은 견고한 '사회'로 비유될 수 있다. 그 기름틀은 어떤 참 깨를 넣어 눌러 붙이더라도 항상 참기름과 깻묵으로 분리해 놓는다. 그런데 원래 깻묵과 참기름은 하나였다. 결코 깻묵 없이 참기름이 나올 수 없다는 말이다. 예컨대, IMF 때 무려 22억 달러어치나 되는 장롱 속 금반지를 내어놓아 텅 빈 외환 보유액를 채웠던 사람들은 대부분 깻묵이었고, 급박한 구조조정으로 직장에서 쫓겨나고서도 무차별 신용카드 발급을 앞세운 정부의 소비활성화정책의 표적이 되어 최단 기간 IMF 조기졸업을 일구어낸 것도 그들이었다. 참고로 2003년 전체 신용불량자 가운데 60%는 카드로 인한 신용불량자였다고 한다. 그뿐만 아니라 세계 유일의 분단국가에서 모든 국민에게 의무화된 병역의무를 제대로 감당한 사람들 역시 깻묵들이었으며, 자유민주시장을 가능케 한 크고 작은 민주화운동도 '민초'로 불리는 그들 몫이었고, 과도한 노동에 비해 상대적으로 적은 임금을 감수했던 것도, 자동차와 스마트폰 등 수출전략 상품들의 가격경쟁력을 위해 국내에서 비싼 값에 지갑을 열어주었던 것도 깻묵들이었다.

그래서 만들어진 참기름이 이제 와서 깻묵에게 "너는 루저야." 하고 말한다면 그건 상당히 잘못된 일이다.

밋플에서 진행하는 세대 간, 계층 간 연대프로젝트에 '릴레이밥'이라는 프로그램이 있었다. '독거노인', '미자립 청소년', '홈리스' 등 우리가 사회적 약자로 일컫는 사람들의 이야기를 들어보는 톡파티다. 우리 시대를 이끈 삶의 영웅이며 살아있는 박물관인 독거노인들, 또래 아이들보다 훨씬 성숙하게 사회를 바라보는 미자립 청소년들 그리고 꿈을 향해 다시 일어서는 홈리스의 차별적인 이야기는 많은 사람에게 세상을 살아가는 지혜를 보다 풍성하게 만들어줄 것으로 생각했다.

실제로 참가자들과 함께 독거노인들이 집단으로 거주하는 서울의 한 판자촌을 방문해서 할머니들의 이야기를 들었다. 그분들은 연말연시나 크리스마스 등 어떤 특정한 시즌에 선물상자를 앞세운 단체나 교회 혹은 정치인들의 방문은 자주 있었지만, 서로 잘 모르는 일반인들이 선물상자도 없이 삼삼오오 모여 이야기를 들려달라고 졸라대는 경우는 처음이라면서 동정받는 것이 아니라 존중받는다는 느낌이 들었다고 했다. 그렇게 말문이 트인 할머니들의 수다는 밤늦게까지 이어졌다. 참가자들의 출근과 등교를 걱정하며 서둘러 그 자리를 먼저 마무리했던 것도 그 할머니들이었다.

우리가 누구를 쉽게 '약자'라고 규정하면 그의 모든 현재의 삶은 어떤 사회구성원에게도 도움되지 않는 동정과 배려의 대상자로 전락할 수 있다. 하지만 그런 생각을 버리는 순간 그는 독립적이고 강하게 자신의 삶을 살아갈 주체성을 회복할 수 있다. 나는 그들이 살아낸 수십 년 동안의 이야기와 지금 살아가는 이야기가 사회 전체의 공유가치를 끌어올리고 확산시켜 새로운 가치로 확대재생산 될 것이라고 기대한다.

정석 8

때로는 포장도 필요하다

 포장은 사기꾼도 전문가로 둔갑시킨다

"정말 감쪽같았어요."

사기를 당했다는 사람들이 한결같이 하는 말이다.

사기꾼들의 특징을 생각해 보면 그런 말이 나올 수밖에 없다. 사기꾼들이 가장 신경을 쓰는 것은 첫째 외모, 둘째 말투, 셋째 적당한 바람잡이 정도이다. 그 세 가지가 완벽하게 이뤄질 때 피해자들은 '정말 감쪽같았다'는 표현을 하며 분통을 터트린다.

사기꾼들이 가장 먼저 외모에 신경을 쓰는 이유는 스스로 '사기꾼'임을 알고 있기 때문이다. 짝퉁제조업자가 진품 혹은 그것을 능가할 정도의 기술을 구사하려는 것도 자신이 만든 제품이 짝퉁임을 알고 있기 때문이다.

그래서 사기꾼들은 대체로 번지르르하다. 서울에서는 특히 강남, 압구정 등과 같은 특정 지역을 중심으로 활동하거나 집이나 사무실이 그쪽에 있다는 이야기를 자주 하는 것도 사기꾼들이 주로 사용하는 수법이다.

그런데도 사람들이 자주 속아 넘어가는 이유는 사기꾼 혹은 짝퉁들의 그런 특징이 대체로 진품에도 적용되기 때문이다. 사실 진품에도 멋진 포장이 필요하다. 예를 들어 때 묻고 구겨진 신문지에 둘둘 말아 둔 다이아몬드와 화려한 보석함에 담긴 다이아몬드 가운데 하나를 선택하라면 사람들은 아마 대부분 화려한 보석함에 먼저 손이 갈 것이다.

진품을 그에 걸맞은 포장도구에 보관하는 이유는 설득비용 때문이다. 예컨대, 사람들은 상대방 혹은 어떤 물건을 처음 대했을 때의 이미지에서 무의식적으로 정보를 인식하게 된다. 그 때문에 제품을 개발, 생산하고 광고를 만드는 사람들은 제품에 최적의 이미지를 만들기 위해 돈을 쏟아 붓는다. 제품의 값이 비쌀수록 몸값 비싼 모델을 캐스팅하고 화려한 포장도구를 사용한다.

금융상품을 광고할 때 등장하는 전문가는 대체로 무게감 있는 짙은 색 정장에 깔끔해 보이는 하얀 셔츠, 격조 있는 넥타이 그리고 한

번쯤 들어봄 직했던 브랜드의 가방이나 볼펜 등으로 치장하고 나온다. 금융권이 밀집한 강남 주변 거리에 비슷해 보이는 사람들이 허다한 이유다. 말쑥해 보이지 않은 사람, 문방구에서 파는 모나미 볼펜을 꺼내 드는 사람에게서 금융전문가의 느낌이 덜한 이유는, 사람들이 인지하고 있는 금융전문가의 시각적인 이미지 경험 때문이다.

 ## 때로는 포장도 필요하다

쉽게 매칭되지 않은 이미지 때문에 '내가 진품입니다.' 하며 상대방을 애써 설득하는 일로 시간과 에너지를 소모할 필요는 없다. 이제는 보편화된 이미지메이킹도 사람들과의 관계에서 자칫 불필요할 수 있는 설득비용을 많이 줄여놓았다. 그런데 문제는 그런 포장이 너무 지나치거나 혹은 스스로 포장의 노예가 되어가는 현상이다.

한국에서 '이미지메이킹' 이라는 단어를 처음 만들어낸 한국이미지메이킹센터 김경호 원장에게서 따뜻하면서도 중년에서 풍기는 중후함과 지적인 여유들을 느낄 수 있다. 더 중요한 것은 그런 느낌들이 어느 한 곳, 인위적이지 않고 너무나 자연스럽다는 점이다.

인위적이지 않은 자연스러움은 그 사람의 겉과 속이 같을 때 나타난다. 반대로 부자연스러운 모습, 어쩐지 애를 쓰고 있다는 느낌은 그가 나타내려는 겉사람 이미지와 그의 진정한 속사람 이미지가 다를 때 나타난다. 물론 훈련 혹은 '타고난' 재주를 통해 인위적이지 않은 진품의 자연스러움을 연출할 수도 있겠지만. 대개 겉과 속이 같은지 다른지의 면모는 시간을 두고 지켜보면 알기 쉽다. 사람에게 속고 싶지 않다면 성급하게 판단하지 말고 시간을 두고 꾸준히 지켜보아야 한다. 그런 과정을 소홀히 하여 사기를 당했다면, 문제는 사기꾼이 아니라 사기를 당한 사람에게 있다.

의지적으로 생각하는 시간을 확보하자

SNS 시대, 그것을 혹자는 '사유의 실종'으로 표현하기도 한다. 그도 그럴 것이 이제 웬만한 지식은 포털 검색창에 필요한 단어만 입력하면 죄다 쏟아져 나온다. 그러니 애써 도서관을 찾을 필요가 없고 다른 사람에게 물어볼 이유도 없다. 종이책을 뒤져가며 궁금증을 풀다 보면 그 과정이 연역적이든 귀납적이든 상관없이 자연스럽게 여러 생각을 하게 되지만, 인터넷은 거의 '정답'만 알려주는 족집게다. 궁금증을 다른 사람에게 물으면 관련 주제에 대한 상대방의 생각도 함께 드러나면서 자연스럽게 이어지는 대화로 인해 전혀 새로운 생각에까지 이를 수도 있지만, 대화를 꺼리는 속도의 인터넷은 딱 정답에서 나아가질 않는다.

또 한편 인터넷을 통한 검색은 내가 원하는 정보만 완벽하게 노출하는 것도 아니다. 펼쳐진 화면 곳곳에 쉽게 옆길로 샐 수 있는 엇비슷한 정보들이 난무하여, 급기야 전혀 상관없는 정보에 열중하고 있는 자신을 발견하고는 어이없어 할 때도 자주 있다.

인터넷은 그래서 뻥축구와 같다. 누군가가 뻥 쏘아 올린 축구공을 쫓아 이리저리 몰려다니듯 인터넷 역시 세상이 망할 듯한 충격적인 이슈에 눈과 귀가 빨려들다가도 흥미로운 다른 이슈가 눈에 띄면 또 우르르 몰려간다.

사유(思惟)란, 대상의 본질을 두루 생각하는 일이다. 대상에서 한 걸음 물러나는 여유가 필요한데, 인터넷은 그런 여유를 허락하지 않는다. 이처럼 몰사유가 습관화되고 뻥축구와 같이 휩쓸려 다니는 것이 일상화되다 보면 어떤 단순한 문제에서조차 그 본질을 파악하는 능력이 부족해질 수밖에 없다.

갈수록 생각하면서 사는 것이 점점 힘들어진다.

눈만 뜨면 인터넷인데, 그것을 외면하기도 쉽지 않다. 사실 시간도 부족하다. MBC가 2015년 3월 16일 방송한 〈다큐스페셜-두 시간째 출근 중〉에 따르면 한국인의 평균출근시간은 58분으로 미국 21분, 프랑스 23분, 독일 27분은 물론 장시간 출퇴근으로 악명 높은 일본의 40분보다도 월등히 높게 나타났다. 특히 2010년 통계청 조사에서도 출근 시간이 1시간 이상인 통근자 수가 무려 433만 명이었다고 하니, 악명 높은 근로시간과 합쳐보면 종이책을 뒤적거리고 앉아 있을 여유가 없다. 어떤 이는 출퇴근 시간에 책을 읽으라고 말하지만,

그 시간 대중교통은 그럴 만큼 한가로운 공간이 아니다. 그나마 눈이라도 잠시 감고 부족한 잠이라도 보충할 수 있다면 다행일 정도다.

그럼에도 불구하고 스스로 생각하는 시간, 최소한의 절대시간을 확보하는 것은 매우 중요하다. 최소한 내가 지금 어디에 있고 어디로 가고 있는지는 알아야 하기 때문이다. 그래서 사유는 힘들지만 의지적으로 해야 한다. 그래야 사기꾼에게 속아 넘어가는 일도 줄일 수 있고 나의 진로, 자녀 문제, 부부 관계 등 반드시 필요한 의사결정 과정에서 실수를 최소화할 수 있다.

나 역시 밋플을 통해 청장년을 비롯한 많은 사람과 어울리다 보니 좀 더 잘 살기 위한 욕망을 가진 사람들의 이야기를 직간접적으로 경험한다. 개중에는 정말 황당할 만큼 어처구니없는 사연들도 많다. 정말 신뢰 가는 외모와 말투, 꾸밈새를 믿고 돈을 맡겼는데 완벽하게 속았다며 한탄하는 사람들이 적지 않다.

이런 문제에서 가장 나쁜 놈은 응당 사기꾼이지만, 혹시 나에게서 속일 만한 여지가 있었던 것은 아닌지 한번 의심해볼 필요가 있다. 돈이든 진로든 그 무엇이든 간에 소중한 나의 것을 맡기는 데 있어 나의 사유가 부족하진 않았는지 생각해보는 거다. 뻥축구나 다름없는 인터넷 검색결과가 진리인 양 믿는 오류를 범하는 경우가 얼마나 많은가.

최근에 『THE ONE THING』이라는 책을 읽었다. 혹시 읽어보지 않은 사람들을 위해 결론부터 먼저 나누자면, 'ONE THING'은 한 우물을 파자는 것이 아니고(IT'S NOT ONLY ONE THING), 매 시간 주어진 한 가지 일에 집중하자(IT'S ONE THING AT A TIME)는 의미이다.

비록 너무나 부족한 시간이지만 하루나 혹은 일주일 가운데 최소한의 절대시간을 의지적으로 확보하는 것이 좋다. 이때 기억해야 할 단어는 '의지적'이라는 단어다. 나의 경우는 정말 불가피한 일이 아니라면 토요일에는 꼭 가까운 근교로 산행을 간다. 그리고 출근하면서 종이신문을 챙겨간 후 틈날 때마다 읽는 편이다. 물론 읽지 못하고 지나는 날도 있다.

생각이 실종되었다는 SNS 시대, 자신을 포장하는 것도 모자라 포장의 노예가 되어버린 사람도 자주 발견한다. 생각하는 시간이 사라지고 마치 뺑축구처럼 휩쓸리다 보니 어느덧 자기 자신을 잃어버리게 된다. 남들과 다른 자기만의 가치는 발견하지 못한 채 타인에 의해 선택되기만을 바라게 된다.

어느 날엔가 모처럼 가족들과 함께 동네식당을 찾았다. 비록 변두리 파스타 가게였지만 맛있다는 소문을 들었던 참이었다. 그런데 셰프가 좀 불친절했다. 딱히 따질만한 행동은 아니었지만 그래도 어딘가 좀 불편했다. 그러나 소문대로 맛은 괜찮았다.

집으로 돌아오면서 아내는 불만이 많았다. 그렇게 불친절해서야 어떻게 다시 가겠냐는 것이다. 나 역시 셰프의 불친절이 좋았을 리는 없다. 그런데 내 생각에 그건 셰프의 성격인 듯했다. 물론 성격도 바꿀 수 있으면 좋겠지만 그게 잘 안 되는 사람도 있다. 대신 그 셰프는 '친절'이라는 포장보다 음식의 본질인 '맛'에 더 집중했으리라.

그렇게 그는 자기만의 차별적인 가치에 더 많은 투자를 했다. 그렇게 생각하니 셰프의 불친절이 그다지 문제 되진 않았다. 비록 아내와 함께 다시 그 식당에 가긴 힘들겠지만 그런데도 그 식당이 망했다는 소문은 없다.

때로는 포장도 필요하다. 본질을 놓치지 않는 한도 내에서의 포장은 훨씬 더 시너지 효과를 낼 수 있으니까. 그런 점에서 'ㄱ홍길동'처럼 살짝 포장하는 법을 아는 것도 괜찮다. 본질을 탐구할 줄 알기만 한다면.

정석 9

이겨라 청춘, 꼰대는 살아있다

 어른과 청년, 달라도 너무 달라

사회적 기업을 준비하고 있는 청년들을 만났다. 아직 예비심사에도 통과하지 못한 채 사업모델을 세밀하게 검토하는 상태이다 보니 부모 입장에서 보면 사실상 무직이나 마찬가지다. 그들에게 요즘 가장 힘든 것이 무엇이냐고 물었는데 3명 가운데 2명의 대답이 부모의 반대였다고 한다. 다행히 그중 한 명은 대학 재학 때부터 휴학과 입학을 반복하면서 해외 배낭여행을 다니며 나름 일찍부터 '싹수'를 보여주었기 때문인지 다른 두 명에 비해 반대가 없는 편이라고 했다.

다른 청년들도 대체로 마찬가지다. 취업이 어렵다 보니 정부지원 창업프로젝트 등 무언가 일이 될 만한 것들을 끊임없이 찾아다니지만, 부모 입장에선 답답하기는 마찬가지다. 시간이 걸리더라도 진득하게 도서관에라도 다니면서 취업준비를 하는 자녀에게는 그나마 기대라도 해 보지만, 그것도 포기한 채 창업프로그램을 좇아다니는 자녀를 보면 사업경험도 없으면서 왠지 신기루만 좇는 것은 아닌지 불안하기만 하다.

어른들의 시선이 이러하기에 대학을 졸업하고 군대를 다녀왔어도 취업 못 한 청년들의 최대 난적은 부모를 포함한 주변 어른들이다. 그래서 가능하면 주변 어른들을 만나는 일을 피한다.

물론 미안한 마음 때문이다. 학생 신분을 끝내고 사회인이 되었다면 최소한 경제적으로라도 독립해서 부모의 어깨를 조금이라도 가볍게 해 주고 싶은데, 그게 그리 쉽지 않다. 편의점이나 카페에서 아르바이트를 해서라도 용돈 정도는 벌어 쓰고 싶지만 학생 시절과는 정서적으로 많이 다르다. 이러다 영원히 비정규직 인생을 사는 것은 아닌가 하는 불안이 엄습한다. 그렇게 불안하기는 부모들도 마찬가지다.

그러다 보니 서로 불안해하는 부모와 얼굴을 맞대기보다 자연스럽게 마음에 맞는 친구들과 함께 창업프로그램을 좇아다니는 경우가 많다. 무엇인가 애쓰고 있다는 위안은 물론 스스로 명함을 만들 수 있다는 것도 매력이다. 그러다가 혹 대박을 터트릴 수도 있지 않을까?

젊은이들이 부모와 함께하는 자리를 피하고자 하는 것은 단지 미안함 때문만은 아니다. 그 외의 이유가 있다.

첫째, 어른들은 청년들의 이야기를 제대로 들어보지 않는다. 대화의 결론을 자기 마음대로 정해 놓는다. 잔뜩 자기 이야기만 늘어놓는 것도 모자라 명령과 지시는 물론 심지어 협박까지 한다. "너 계속 그렇게 지내다가는 아예 취업할 시기를 놓칠 수도 있어."하는 식으로 말이다. 그건 정말 거대한 벽이다. 부모가 생각하고 바라는 자녀의 직장 대부분은 대기업 혹은 공무원이나 공기업이다.

둘째, 분명 자녀를 위한다고 하는데 대화 내용은 언제나 과거에 머문다. 미래지향적으로 보이지 않는 것이다. "그때는 말이야…"로 시작하면 도대체 끝이 없다. 예컨대 진급과 출세는 능력보다 '끈'이라 생각한다. 그러다 보니 자녀가 생각하는 자신의 진로와 부모의 경험이 만들어낸 자녀의 진로는 달라도 너무 다르다. 자녀는 부모에게 어떻게든 제 생각을 말해보려 하지만 부모는 "네가 아직 몰라서 그런다."며 단박에 자르면서 이야기를 꺼낼 엄두도 못 내게 한다.

셋째, 자녀가 원하는 직장이 아니라 남들에게 내세울 만한 직장을 원한다. 부모에 대한 미안함 때문에 적성에 맞지 않는 중소기업에 입사했던 한 청년은 출근 첫날 근무를 마치고 귀가하자마자 직장을 다니면서 공무원시험을 준비하라는 아버지의 의견을 경청(?)해야 했다.

그래서 자녀들은 부모를 비롯한 가까운 어른들만 만나면 그냥 작아진다. 지은 죄도 없이 민망해지고 무슨 말이라도 할까 싶어 얼른 달아나고 싶다. 그런 말들은 대체로 "직장은 어디냐?", "시험은 언제 치나?", "월급은 얼마냐?", "결혼은 언제 하나?"와 같은 것들이기 십상이다.

청년들은 이런 어른들을 통틀어 '꼰대' 라 부른다.

그런데 꼭 나이 때문에 꼰대로 불리는 것은 아니다. 뜻밖에 생각이 굳어있는 청년들도 많다. 아니, 그 숫자가 점점 더 늘어나는 듯하여 걱정스러울 정도다. 내 안의 'ㄱ홍길동', 어쩌면 그건 내 안에서 꼰대를 품고 사는 증거일 수도 있다. 그 이유가 뭘까? 역시 인터넷이다.

한국은 인구비례로 따져볼 때 세계 1위의 인터넷 사용국가라고 한다. 통계적으로는 인구 보다 더 많이 보급된 스마트폰으로 인해 이제 우리는 종일 인터넷을 손에 들고 다닐 정도가 되었다. 그 인터넷이 우리에게 제공하는 것들을 한 단어로 꼽으라면, 나는 단연코 '지식' 이라고 말하겠다. 그런 지식은 단번에 '머리' 에 기록된다. 그렇게 매일매일 쌓인 수많은 얕은 지식으로 인해 '내가 더 많이 알고 내가 더 잘 알며 따라서 내가 옳다'는 사람들이 많아지면서 갈등 또한 깊어진다. 반대로 경험을 통한 지혜는 가슴을 통해 머리에 저장되므로, 쌓이는 속도가 더디지만 더 묵직하고 깊다. 인터넷의 정보가 영혼 없는 단편지식이라면, 경험을 통한 정보는 영혼이 있기에 '지혜'로 부를 수 있다.

삶은 생각만큼 만만하지 않다. 알고 있던 지식대로 해결되는 것보다 되지 않는 일이 훨씬 더 많다. 누구나 그때마다 포기하기보다 다시 일어서기 원하지만, 그 에너지가 되는 것은 머리에 쌓인 지식이 아니라 가슴에 남아있는 열정이다. 가슴이 중요한 이유다.

청년&꼰대, 미래를 향한 다리 함께 건너자

꼰대. 사전적으로는 늙은이나 선생님을 가리키는 은어로, 소통하기 힘든 어른들을 비꼬아 그렇게 부른다. 근본적으로 꼰대들은 산전수전을 다 겪었기 때문에 대단한 생명력을 가지고 있다. 더구나 평균수명의 연장으로 사회가 갈수록 고령화되면서 '번식력' 또한 강력하다. 그러니 어느 곳을 가더라도 꼰대를 피하기란 쉽지 않다.

그러나 꼰대가 꼭 청년들의 앞길을 막아서기만 하는 사람은 아니다. 수적 우위뿐만 아니라 정신과 물질적인 관점에서도 꼰대는 긍정적인 면이 더 많다.

첫째, 꼰대는 사업놀이를 하지 않는다. 아니면 말고 식으로 일하지 않는다. 한 번 일을 벌이면 끝장을 본다. 간혹 그 '끝장'이 잘못되어 가족은 물론 친인척과 친구들도 어렵게 만들기도 하지만 어쨌든 쉽게 포기하지 않는다.

둘째, 꼰대는 역전의 용사들이다. 개인적인 성공과 실패는 물론 몇 번에 걸친 사실상 국가부도사태들에도 금 팔고, 집 팔고, 거의 맨몸으로 감당해 왔다. 그러다 직장까지 잃었지만 그래도 버텼다.

셋째, 꼰대는 네트워크도 장난이 아니다. 혈연, 지연, 학연의 인맥 3종 세트를 시작으로 이직과 사업을 반복하면서 셀 수 없이 다양한 종류의 모임으로 만들어진 인맥을 갖고 있다. 그동안 꼰대들이 받았던 명함을 모두 모아 한꺼번에 불태우면 우리는 아마 한 달쯤 전기 없이 살 수 있을지도 모른다.

넷째, 꼰대는 청년들에 비하면 아직도 부자다. 비록 담보대출이 끼어 있지만, 집도 있고 땅도 있다. 한 해 동안 거둬들이는 세금 대부분은 꼰대들이 내고 있다.

다섯째, 꼰대는 사랑이다. 다만, 그 험한 세월을 살아내느라 사랑을 받아본 경험이 부족하다 보니 표현하는 데 서툴다. 사랑의 방향은 늘 아래를 향한다. 내리사랑, 이는 본능이다. 내 지인은 불과 1년 사이에 아버지와 아들을 잃었는데, 같은 납골당에 두 사람의 영정을 함께 두었더니 그곳에 가서도 아들 생각밖에 나지 않는다며 결국 아들을 다른 곳으로 옮겼다. 마찬가지다. 청년을 위한 꼰대의 내리사랑도 꼰대를 향한 청년의 치사랑보다 훨씬 세다.

분명 꼰대는 과거에 살고 청년은 미래에 산다. 그러니 청년은 무조건 이기게 되어있다. 다만, 꼰대의 그런 과거가 청년의 오늘 그리고 미래로 향하는 다리를 놓았다는 것도 틀림없는 사실이다. 그래서 꼰대는 청년이 이겨도 화끈하고 확실하게 이기기 원한다. 왜냐하면 청년이 만들어 갈 미래에 꼰대가 청년에게 얹혀살아야 하기 때문이다. 그러니 청년은 더 강해져야 한다.

부모는 진정으로 자녀가 좋아하는 일을 하면서 원하는 삶을 살기 원한다. 그 이유는 대부분 부모들은 그가 좋아하고 원하는 삶을 살지 못했다. 자신의 꿈을 포기하는 대신, 가족과 자녀들의 울타리가 되기로 했던 사람들이다. 그래서 '부모는 자녀의 꿈을 대신 꾸는 사람들'이라는 공익광고도 나왔을 만큼 부모는 자녀가 부모를 뛰어넘기 원한다. 앞으로 수없이 이겨내야 할 상대들에 앞서 가슴에서부터 머리에 전달되는 지혜를 배우기 원한다. 꼰대라는 단어에 담긴 야릇한 느낌을 알면서도 내가 기꺼이 꼰대로 불리기 원하는 이유다.

사실 우리 사회의 가장 큰 문제이며 시급히 마련되어야 할 대안 가운데 하나는 청장년 간 연대프로그램이 너무 부족하다는 점이다. 꼰대에게는 자본과 기술과 경험 그리고 사랑이 있다. 반면 청년에게는 젊음과 도전과 열정과 혁신이 있다. 직장에서 밀려나는 수많은 장년이 은퇴자금을 털어 식당, 치킨전문점, 카페창업으로 몰려들지만, 자신의 경험과 자본에만 의지해 대부분 실패로 끝나는 경우가 많다. 그러다 보니 도시의 빈곤층으로 흘러드는 노인들이 계속 늘어날 수밖에 없다.

이제는 멘토에 대한 개념도 바뀌어야 한다. 나이가 많다고 멘토는 아니다. 예를 들면, 장년들의 창업과정에 청년들의 생각과 아이디어가 접목된다면 성공 가능성을 크게 높일 수 있다. 왜냐하면, 스마트한 SNS 시대의 소비자 요구는 청년들이 훨씬 잘 알기 때문이다. 그렇다면 적어도 장년창업 분야에서는 청년들이 장년들의 훌륭한 멘토가 될 수 있다.

그 같은 세대 간 연대프로그램이 활성화되어 있지 못하니 청장년이 서로 겉돌면서 상호협력을 통한 새로운 시너지는커녕 오히려 세대갈등이라는 신조어만 만들어냈다. 우리의 가장 중요한 인적 자원들이 그렇게 썩고 있어 참 안타깝다.

꼰대는 아직도 무대를 원한다. 현실적으로도 장년층의 은퇴는 최소한 5년 또는 10년 정도 미뤄져야 하고 정부 정책 역시 그런 방향으로 흘러가고 있다. 그렇다면 꼰대 역시 청년들을 너무 재촉할 일은 아니다. 수명연장, 사라지는 일자리, 성장둔화 등 많은 것들이 급속히 변하고 있다. 타임 시프트는 어쩔 수 없는 현실이다. 또한 미래는 틀림없이 청년들의 몫이지만, 특히 평균수명이 연장되고 아무런 준비 없이 맞은 퇴직으로 인해 그 미래는 꼰대에게도 여전히 중요하다.

그렇다면 답은 정해졌다. 청년이라면 꼰대와의 관계, 꼰대라면 청년과의 관계가 중요하다. 그렇게 서로 연대하고 상호협력하여 미래로 향하는 다리를 함께 건너야 한다.

세대를 뛰어넘는 관계 시너지

사실 제대로 된 관계 정립은 우리 사회에 당장 밀어닥친 고령화를 위해서도 매우 절박하고 긴요하다. 이 문제를 어떻게 해결하느냐에 따라 국가 및 사회는 물론 우리 개개인의 삶이 크게 달라진다.

관계는 크게 횡적(수평적) 또는 종적(수직적)으로 만들어진다. 횡적 혹은 종적 관계의 해석과 범위는 광범위하지만, 여기서 나는 같은 세대들끼리의 연합을 횡적 관계로 다른 세대, 예를 들어 장년과 청년 간의 연합을 종적 관계로 구분한다.

관계의 기본은 종적이다. 세대계승, 즉 제대로 된 바통터치의 종적 관계 안에서 횡적 관계가 어우러질 때 개인의 성장은 물론 사회 전체의 발전도 훨씬 수월해진다. 예를 들어 은퇴 후 치킨집을 차리는 장년에게 톡톡 튀는 청년의 아이디어가 필요한 것처럼 열정에 찬 청년의 도전에 날개를 다는 일은 장년들이 잘해낼 수 있는 영역들이다. '앞에서 끌어주고 뒤에서 미는' 종적 관계와 '손에 손잡는' 횡적 관계가 합쳐질 때 세대가 연합하는 상호협력, 진정한 공유의 노래가 완성될 수 있다. 이처럼 세대 간 벽을 허무는 일은 온전히 우리에게 주어진 과제다.

그러나 종적 관계를 형성하는 일은 횡적 관계에 비해 많이 어렵다. 비슷한 세대들과 어울릴 기회는 많지만, 장년층과 청년층 등 다른 세대들끼리 어울리는 기회는 쉽지 않다. 그만큼 의지적이고 지속적이며 정책적인 지원이 필요하다. 따라서 개인적으로는 횡적 관계에 머물지 않고 종적 관계를 형성하기 위한 관심과 노력을 기울이는 한편, 정부나 기관들은 필요한 정책들을 많이 고민해 보아야 한다.

세대 간 관계연합은 비단 창업과 같이 경제적인 이유에서만 필요한 것은 아니다. 특히 고령화 사회에서 세대 간 갈등은 치명적이다. 예컨대, 공적연금제도만 하더라도 청년들의 얇은 지갑을 털어 장년층의 노후를 준비해야 하는 현실에서 세대 간 갈등의 골이 깊어지면 자칫 공적연금제도 자체가 위협받기 때문이다. 즉, 미래세대(청년세대)가 지금 세대(장년 및 노년세대)를 부양하는 것이 사회보험제도의 본질이라는 논리만 강조하기보다 미래세대를 위한 보다 희망적인 제도와 정책들을 동시에 마련하고 시행해야 한다. 예컨대, 현재 상태의 출산율이 지속되면 2050년에 이르러 생산가능인구 2명이 노인 1명을 부양해야 할 정도로 미래세대의 부담이 가중된다고 말하면서도, 미래세대의 부담을 줄이기 위한 정책적 배려는 인색하기 짝이 없다. 물론 정부에서도 많은 노력을 기울여야겠지만, 동시에 현재의 장년층이 다양한 개인적 자산들을 사회적 자산으로 환원시켜 나가는 인식의 전환이 필요하며, 또한 그런 분위기를 유도, 지원하여 더욱 많은 사람과 함께 나누면서 새로운 사회적 시너지를 만들어내는 것도 중요하다.

결국, 횡적 관계뿐만 아니라 종적 관계를 구축하는 것은 우리가 원하는 관계의 완성이다. 아울러 개인은 물론 사회 전체적으로도 '실리'와 '공의'라는 두 마리 토끼를 한꺼번에 잡을 수 있다.

정석 10

명함을 버리고 심장을 주어라

 'Taker'(받으려는 자)는 진정한 관계를 만들 수 있을까 살아내기가 갈수록 팍팍하다.

어떻게든 팔아야 하는 사람들은 많아지고 소비자는 줄어들고 있다. 한국경제연구원이 2015년 3월 22일 내놓은 〈소비 친화적 노동시장을 위한 고용구조분석〉이라는 보고서에 따르면, 2001년 40대 자영업자의 연평균소득은 2,877만 원으로 임금근로자의 4,170만 원의 68% 수준이었지만 2013년에는 52% 수준으로 떨어졌다. 같은 기간 임금근로자의 연평균소득은 5,170만 원으로 올랐지만 자영업자는 오히려 2,725만 원으로 감소했다. 그 기간 물가상승률을 고려할 때 40대 자영업자의 평균소득 하락은 거의 추락했다고 표현해야 할 만큼 충격적이다. 당연히 소비지출 측면에서도 그 차이는 두드러진다.

40대 임금근로자의 연간 평균소비가 2,730만 원에서 3,165만 원으로 늘어난 반면, 자영업자는 2,826만 원에서 1,997만 원으로 29%나 감소했다. 마찬가지로 그 기간 물가상승률을 참작하면 그 역시 충격적이다. 특히 40대는 직장에서 조기 퇴직하고 창업에 뛰어드는 경우가 많은 연령대임을 고려할 때 꽉 막힌 내수경제의 침체를 잘 반영하고 있다.

그래서인지 여기저기서 과거보다 훨씬 적극적인 네트워킹 모임들이 많아진다. SNS는 그런 모임을 위해 아주 편리한 도구가 된다. 이제 누구든 스마트폰에 전화번호를 입력하거나 SNS 창에 이름만 검색해도 그에 대한 웬만한 정보를 확인할 수 있으니, 가만히 앉아 있어도 저절로 네트워킹이 되는 세상이다. 그럼에도 불구하고 새벽 일찍 모임에 참석하려고 호텔에 모인 사람들의 얼굴에는 새로운 만남에 대한 설렘보다 절박함이 더 묻어 있다. 대부분 SNS 창에만 머무르고 있기엔 성에 차지 않았던 사람들이다.

그렇게 모여드는 사람들의 대체적인 공통점은 대부분 Seller, 즉 판매자들이라는 점이다. 물론 모든 사람이 잠재적인 구매자(Buyer)이긴 하다. 그러나 요즘 같이 편리한 시대에 상품이나 서비스를 구매할 목적으로 새벽부터 비싼 밥값을 내며 호텔에 모일 이유는 적다. 물론 판매자 중심의 모임이라고 해서 효율성이 떨어지는 것은 아니다. 예를 들면, 다양한 분야의 판매자가 힘을 합쳐 서로의 고객들을 대상으로 하는 협업마케팅을 의논해 볼 수도 있고 새로운 시장 발굴을 위한 콜라보레이션(Collaboration)을 기획하여 그로 인한 이익을 나눌 수도 있다.

그런데도 불구하고 적극적인 네트워킹을 표방하는 모임들이 생각만큼 활성화되고 있지는 않다. 그들이 대체로 관계에 적극적인 사람들이라는 점을 생각하면 오히려 이상할 정도다. 이유가 뭘까?

이 의문은 내가 지인의 초대를 받아 그런 모임에 참가했던 첫날 해소되었다. 나를 초대했던 그 지인은 내게 명함 100장을 꼭 챙겨올 것을 당부했지만 아침 시간에 그만큼의 명함을 나눌 수 있을 것 같진 않아 평소처럼 나갔다. 그날의 기분을 말하자면, 짧은 시간에 많은 도시를 스쳐 지나면서 사진만 찍어대는 여행놀이 같은 느낌이었다. 특히 처음 만나는 사람들과의 어수선한 교제를 마치고 나니 정작 사람에 대한 기억은 없고 정신없이 주고받은 명함만 가득 남아 있었다. 물론 주최 측에서는 전체 참가자들 가운데 이런저런 후속 모임을 통해 좀 더 친밀한 네트워킹을 만들어 갈 수 있도록 조직화하기도 하지만, 그런 노력에 비해 결과는 그다지 효율적이진 않은 모양이다.

그때 많은 사람이 한쪽 손에 자신의 명함을 잔뜩 쥔 채 바삐 움직이는 모습을 보면서 관계의 본질에 대해 다시 생각해 보았다. 낯선 사람들이 처음 만나 서로 명함을 주고받은 후 잠깐 상대방의 명함을 훑어보는 순간, 과연 어떤 생각을 할까?

특히 판매자 중심의 네트워킹 모임에서 상대방의 명함을 통해 내가 알고자 원하는 것은 그가 내 상품이나 서비스의 구매자가 될 수 있을 것일까에 대한 판단이며, 그것은 곧 관계의 시작이 Giver가 아닌 Taker로서의 태도였다는 뜻이다. 과연 그렇게 시작된 관계가 진정성 있는 교제로 이어질 가능성은 얼마나 될까?

 시간을 갖고 그의 속사람을 찾아라

시멘트와 모래 그리고 자갈은 콘크리트를 만드는데 필요한 재료들이지만, 하나의 커다란 연합체로 뭉치게 하는 것은 별것 아닌 것처럼 보이는 '물'이다. 잘 알려진 이야기지만, 코카콜라 회장과 레이니 교수의 일화를 통해 사람과 사람 사이의 관계에 있어 '물'의 존재가 얼마나 중요한지 잘 이해할 수 있다.

에모리 대학교의 레이니 교수가 집에서 10분 거리인 학교로 걸어 출퇴근하는 길에 늘 지나쳤던 한 허름한 집 작은 벤치에는 언제나 한 할

아버지가 앉아 있었다. 외로워 보였던 그 할아버지를 위해 레이니 교수는 자주 방문하여 말벗도 되어주고 잔디도 깎아주면서 함께 친구가 되었다.

2년의 세월이 흐른 어느 날, 세상을 떠난 할아버지가 마지막으로 남긴 유서에는 레이니 교수에게 25억 달러(한화로 약 3조 원)와 함께 코카콜라 회사의 주식 5%를 상속한다는 내용이 있었다. 알고 보니 그 할아버지는 코카콜라 창업자였던 로버트 우드러프 회장이었던 것이다.

이런 사례는 매우 극단적이지만 사람과 사람 사이의 진정한 관계의 출발이 겉으로 쉽게 드러나는 직책이나 지위와 같은 명함이 아니라 비록 단박에 보이지는 않지만 '시간을 두고 천천히 보이는 마음'이라는 사실을 잘 설명해 주고 있다. 그저 허름한 집에서 쓸쓸한 노년을 지내고 있던 할아버지에게 말벗이 되어주고 싶었던 레이니 교수의 마음은 한순간의 행동에 그치지 않고 2년 동안이나 변함없이 지속됐고, 두 사람은 서로 진정한 친구가 되었다.

진정한 관계는 그런 것이 아닐까?

비록 시간이 걸리더라도 천천히 서로의 마음을 알아가고 열어가는 과정이 필요하다. 그러한 과정이 생략된 관계는 그저 상업적인 거래 관계에 불과할 수 있다. 그래서 나는 진정한 관계의 시작은 Giver의 마음이라고 생각한다. 그런 마음이 상대방에게 닿으면 상대방 역시 그의 마음을 내어주면서 서로가 함께 성장한다.

앞의 사례에서 레이니 교수는 상속받은 유산 전부를 에모리 대학교 발전기금으로 기부하였으며, 덕분에 에모리 대학교는 미국 대학 역사상 최고의 기부금을 바탕으로 오늘날 남부의 하버드라고 불릴 정도의 명문사학으로 성장할 수 있었다고 한다. 결국, 두 사람의 진정성 있는 교제가 두 사람은 물론 에모리 대학교 그리고 그 학교를 거친 수많은 학생의 선한 관계로까지 확장된 것이다.

이런 영화 같은 이야기가 아니더라도 우리 일상 가운데서도 그런 경험을 어렵지 않게 할 수 있다. 예컨대 추운 겨울 함께 있던 다른 사람을 껴안아 본 경험이 있다면 내 체온을 다른 사람에게 나누어주는데도 불구하고 오히려 내가 더 따뜻해졌던 기억을 떠올릴 수 있을 것이다. 다른 사람을 껴안게 되면 우선은 내 체온이 상대방에게 뺏길 것인데 어떻게 내가 더 따뜻해질 수 있을까? 반대로 상대방 역시 자기 체온을 나에게 뺏길 것인데 어떻게 더 따뜻해질 수 있을까? 결국 서로 체온을 전하기 때문에 단지 껴안았다는 이유 하나로 추위를 이겨낼 수 있다.

진정한 관계는 그런 것이다. 내 체온을 먼저 내어줄 때 도리어 내가 먼저 따뜻해지고 자신의 체온을 내어놓은 상대방 역시 함께 따뜻해질 때 웬만한 추위쯤은 이겨낼 수 있게 되는 바로 그것이다.

물론 그 두 사람이 서로 껴안을 수 있는 사이가 되기까지는 시간이 필요할 수도 있다. 따라서 그 시간을 서두르지 않고 즐기는 마음도 중요하다. 그러면서 자연스럽게 봄·여름·가을·겨울을 겪다 보면 어느 사이엔가 그저 명함에서 드러나는 겉모습의 그가 아닌, 명함으로는 결코 알 수 없었던 속사람을 알게 된다. 제대로 된 관계는 그때부터 시작된다.

정석 11

가장 멀리 보이는 불빛이 내 것이다

 우린 10%의 사람들이다

행복을 주제로 작은 소모임을 열었을 때였다. 참석자 가운데 조금 유별나다 싶을 정도로 행복을 탐구하고 있다는 한 여성을 만났다. 그는 이런 모임이 언제부터였느냐며 흥분하면서 자신의 모바일 사진첩을 보여주었는데, 거기에는 행복에 관한 10여 권의 책이 책꽂이 한 칸 가득 꽂혀 있는 사진이 있었다. 행복에 대해 그녀처럼 집착하듯 탐닉하는 사람을 본 적이 없었던 나는 당연히 그녀의 이야기에 귀를 기울였다. 여기서 그 이야기를 모두 할 수 없어 아쉽지만, 행복에 대한 갈망만큼 그녀의 아픈 이야기는 듣는 모두의 마음을 사로잡았다. 새하얀 도화지에 작은 점 하나가 돋보이듯 그녀의 그리 길지 않은 삶 가운데 자리 잡은 작은 점 몇 개가 그녀의 행복을 방해하고 있어 보였다. 그냥 치워버려도 될 것을 쉽게 그러지 못할 만큼 그녀는 여렸다.

어떤 말을 해 줄까?

그녀의 이야기를 듣는 내내 그런 생각을 하면서도 마땅한 말을 찾지 못하고 있었는데, 느닷없이 내 앞으로 나의 전작인 『당신의 가난을 경영하라』를 들이밀며 사인을 해 달라는 것이 아닌가? 한편 민망하기도 하고 기분이 좋기도 해서 사인과 함께 조금이라도 의미 있는 말을 써주고 싶었지만 쉽게 떠오르지 않아 나중에 해 주겠다며 옆으로 슬쩍 밀쳐두었다. 그러는 동안에도 그녀의 이야기가 마음속에서 계속 동동거렸다. 이런저런 생각 끝에 책 표지 다음 장, 그녀의 마음처럼 하얀 페이지에 나는 이렇게 썼다.

'가장 멀리 보이는 불빛이 당신 것입니다.'

왜 그렇게 급한지, 마치 치명적인 질환을 선고받고 시한부 인생을 사는 사람처럼 SNS 시대의 사람들은 갈수록 바쁘고 여유를 잃어간다. 허공에 떠다니는 것들을 붙잡으려 손을 마구 휘적거린다. 그러나 가까이 보인다고 다 내 것은 아니며 크고 넓다고 다 좋은 길도 아니다. 빨리 가려다 엎어지는 경우를 많이 보아왔다. 운전할 때도 멀리 보아야 핸들이 흔들리지 않고 혹여 길을 잃었더라도 멀리 보아야 다시 길을 찾는다.

그리고 이제는 시간적으로도 정말 멀리 보아야 할 시대이다. 나는 비단 청년들뿐만 아니라 우리가 모두 활짝 열린 세계를 바라보면 좋겠다. 이른바 '글로벌 스탠다드' 정신을 가졌으면 좋겠다. 그렇다고 내가 '세상은 넓고 할 일은 많다'는 식의 도전정신을 말하려는 것은 아니다.

언젠가 CBS TV 프로그램 〈세상을 바꾸는 시간, 15분〉에 출연했던 카이스트 배상민 교수의 강연을 들으면서 깜짝 놀랐다. 전 세계 인구 가운데 하루에 10달러, 의식주를 포함하여 한화로 대략 1만 원을 소비할 수 있는 사람이 10%에 불과하다는 사실이다. 나머지 90%의 사람들은 1만 원도 되지 않는 돈으로 하루를 살아야 하며, 그 가운데 80%의 사람들은 심지어 하루에 2달러, 즉 2천 원 정도만 소비할 수 있다는 것이다.

그렇다. 우리의 오늘이 아무리 힘들다 해도 글로벌 스탠다드로 볼 때 세상에서 우린 10%에 속하는 사람들이다. 물론 하루 1만 원, 심지어 하루 2천 원으로 살아가는 삶에 만족하자는 뜻은 결코 아니다. 다음 그림에서 시간과 사회변화에 따른 개인의 갈등을 생각해 보자.

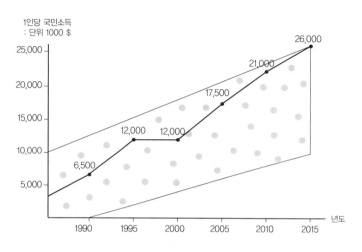

〈표〉 시간과 사회변화 속의 개인(변화적응곡선)

　〈표〉에서 가로축은 시간이며 세로축은 그에 따른 사회의 변화를 나타내는데, 이것을 나는 '변화적응곡선' 이라고 이름을 붙여 보았다. 여기서 가로축 시간은 편의상 연도로 표시했으며, 세로축의 사회변화는 어떤 종합적인 변화기준보다는 1인당 국민소득 변화, 사교육비 변화, 정보화 속도 변화, 고령화 속도 등 다양한 기준들을 적용해 볼 수 있다.

　예를 들면 위 그림처럼 1인당 국민소득을 기준으로 할 때, 우리나라의 경우 변화적응곡선은 그림처럼 우상향하는 모습을 보일 것이다. 또한, 그 곡선 부근에 찍혀 있는 수많은 점은 가로축의 연도에 벌어들인 본인의 연간소득을 표시한다. 여기서 변화적응곡선의 위쪽에 있는 사람들은 나름대로 국가의 성장에 따라 개인의 성장이 비례한 경우지만, 반대로 변화적응곡선의 아래쪽에 있는 사람들은 국가의 성장만큼 개인의 성장이 이루어지지 못한 경우이다. 예컨대, 1인당 국민소득이 3만 달러, 즉 원화로 대략 3천만 원이라고 할 때 현재의 내 연봉이 그 정도 이상이라면 변화적응곡선의 위쪽에 위치할 것이지만 반대로 내 연봉이 2천만 원이라면 그 아래쪽에 위치할 것이다.

또한, 더욱 큰 틀에서 지금을 지식정보화 사회로 분류하면 그 같은 지식정보화 정도에 내가 얼마나 적응하고 있는가를 기준으로 변화적응곡선의 위쪽 혹은 아래쪽의 어딘가에 점을 찍을 수 있다.

대체로 나이가 증가할수록(시간이 지날수록) 사회변화에 대한 적응력이 떨어진다. 그래서 변화적응곡선의 우측 아랫부분에 가장 많이 분포할 가능성이 크다. 예컨대, 우리나라 65세 이상 노인들의 상대적 빈곤율은 2011년 기준으로 48.6%라고 한다(노동리뷰, '65세 이상 노인의 빈곤과 연금의 소득대체율 국제비교' 보고서 인용, 2015년 3월호).

또한, 보건복지부 자료에 따르면 노인자살률이 2012년 기준으로 10만 명당 82명인데, 우리나라 평균자살률인 29.1명보다 무려 3배 가까이나 많다. 그리고 시간이 지날수록 부의 양극화가 심해지므로 획기적인 계기가 마련되지 않는다면, 같은 연령대에서도 점점 더 많은 사람이 변화적응곡선의 우측 아랫부분에 분포하게 될 것이다(사회변화에 대한 적응력이 떨어지는 사람이 늘어난다는 의미).

행복한 사회는 더욱 많은 사람들이 변화적응곡선의 위쪽에 분포할 것이고 그렇지 못한 사회일수록 변화적응곡선의 아래쪽에 훨씬 많은 사람이 분포하게 될 것이다. 더 많은 사람들이 변화적응곡선을 따라 분포하는 행복한 나라로 만들어야 할 일차적인 책임은 국가와 정부에 있지만, 결과적으로 한국은 그 같은 책임을 제대로 수행하지 못했다.

예를 들어 우리는 이미 고령화 사회로 누구랄 것도 없이 100세 인생을 이야기하지만, 가장 기본적인 교육제도의 골격은 초등 6년, 중고등 6년, 대학 4년으로 변함이 없다. 수명이 길어지는 만큼 중학교를 마친 1년, 고등학교를 마친 1년 등을 소위 갭이어(Gap year, 영국에서 고등학교를 졸업한 후 바로 대학에 진학하지 않고 1년을 쉬면서 다양한 경험을 쌓도록 하는 제도)로 쉽게 하면서 다음 단계 교육에 대한 진로 탐색에 도움을 줄 수도 있다. 또한, 지금처럼 대학입학 후 휴학이 관행처럼 되어 있다면, 차라리 대학 2년을 마치고 1년 정도의 인턴십을 의무적으로 가지게 할 수도 있다. 그렇게 함으로써 사회에 진출하는 연령대를 몇 년 정도 늦춘다면 지금과 같은 혼란은 줄어들지 않을까 하는 생각도 든다. 물론 어떤 특정제도의 변화뿐만 아니라 관련되는 법 제도들을 수명 연장에 따라 자연스럽게 시프트해 나갈 때, 보다 쉽게 적응할 수 있을 것이다.

당장 달라지지 않는다고 포기할 수는 없다

국가와 정부를 향해 행복한 나라로 만들어 달라는 끊임없는 요구와 행동, 그것이 곧 정치다. 따라서 경제와 사회 등 모든 영역의 시작은 정치로부터 비롯되고 또한 정치와 연결 내지 결합하여 있으므로 우리의 생각과 표현을 정치적인 것 혹은 아닌 것으로 구분할 필요는 없다.

물론 우리가 애쓴다 하더라도 지금 당장 원하는 결과로 나타나는 것은 아니다. 오히려 개인의 자구적인 노력과 생각 및 행동의 변화가 당장의 결과를 위해서는 훨씬 더 효과가 크다.

시대의 변화에 적응하는 것이 힘겹다면, 반대로 시대의 변화에 스스로 역행해 보는 것은 어떨까? 예컨대, 지식정보화사회가 나에게 당연한 듯 요구하는 화려한 스펙을 거부해보면 어떨까? 졸업 후 취업에 대한 강박에 시달리며 부모의 시선조차 피하기보다, 내가 원했던 일을 찾겠다고 선언하고 시간이 걸리더라도 부모에게 머리가 아닌 가슴으로 이겨내는 모습을 보여주는 것은 어떨까? 편의점이든 카페든 간에 내 힘으로 벌어들인 하루 소득에 맞춰 살면서도, 배상민 교수가 말했던 세계 상위 10%에 해당하는 자부심을 가져보면 어떨까? 그러면서 중국산 냉동 삼계탕만으로 석 달을 버텼다는 온오프믹스 양준철 대표와 같이 내가 원하는 꿈을 향한 열정을 태워보는 것은 어떨까? 물론 그렇게 하는데도 생각만큼 잘 안 될 수도 있겠지만, 자신에게 "아무리 그래도 배 곯아 죽기까진 하겠어?"라고 말하며 짐짓 객기를 부려보면 어떨까?

'가장 멀리 보이는 불빛이 내 것이다.'

지금 당장 세상이 요구하는 기준에 맞춰 살려다 보면 자칫 세상과 변화의 노예가 될 수도 있다. 인터넷이 쉴 새 없이 쏘아 올리는 갖가지 이슈들만 쫓아다니다 정작 지금 내가 어디에 있는지조차 알 수 없는 미아가 될 수도 있다.

세상과 시대가 요구하는 행복이 아니라 내가 진정으로 원하는 행복, 내 삶의 기준을 만드는 일에 더 많은 시간과 노력을 쏟아보는 것은 어떨까? 지금 당장 가까운 곳에서 화려하게 빛나는 불빛을 쫓기보다, 더 멀리서 희미하고 흐릿하게 보이는 불빛이더라도 그것이 정말 내 것이 될 수 있도록 거울 속의 나를 쳐다보면서 좀 더 천천히 나아가는 것은 어떨까? 그래서 지금부터라도 내가 내 이름 앞에 조금씩 더 당당해질 수 있다면?

우리에게 정말 필요한 관계는 먼 길을 함께 갈 수 있는 친구다. 눈앞의 이익과 결말이 아니라 지금 당장엔 그 끝이 보이지 않더라도 사람을 향한 서로의 뜨거운 심장을 함께 느끼면서 그래도 행복할 수 있다는 믿음으로 한 발짝 함께 내딛는 친구.

　나에겐 정말 그런 친구가 몇 명이나 될까?

정석 12

감지 마라, 눈을 떠라

 달관인가, 포기인가

요즘 2030세대를 가리켜 '달관세대'라는 신조어가 등장했다고 한다. 달관세대란 일본의 '사토리'(さとり) 세대를 우리말로 옮겨 돈벌이나 출세에 관심 없는 세대, 즉 직장에 취직하지 못하거나 돈을 적게 벌어도 만족하며 사는 젊은 세대를 뜻한다. 여기서 달관(達觀)이라는 단어 자체는 분명 좋은 말이다. '주변의 이런저런 변화에 얽매이지 않고 주어진 현실에 만족하며 사는 삶', 그렇게 해석할 수 있다.

그런데 달관세대를 소위 '웃프다'라는 또 다른 신조어에 빗대어 해석하는 사람들도 있는 것을 보면, 여기에서 달관이 정말 모든 것을 초월하거나 얽매이지 않는 건 아닌 듯하다.

'웃프다'는 '웃기다'와 '슬프다'를 합친 말로, 웃기지만 뭔가 슬픈 감정을 뜻한다. 어떤 상황에 대해서 공감되거나 웃음이 나오지만, 한편으로는 그 상황이 슬프거나 씁쓸하고 서글픈 심정을 표현하는 말이다. 2030 세대를 일컬어 달관세대, 웃픈 세대라 한다면 이 세대의 달관이 진정한 의미의 달관이 아닌, 어쩔 수 없는 것임을 암시하는 것이 아닐까.

그러나 나는 2030 달관세대가 추구해야 할 성공이 이러한 것이었으면 좋겠다. 달관하는 자세로 주변의 이런저런 변화에 얽매이지 않고 애초에 내가 정해놓은 목적을 향해 한결같이 나아가는 의미의 성공을 추구한다면, 그건 크게 박수를 받아야 할 태도이다. 다른 사람과의 비교나 경쟁으로 이해되는 '1등 주의' 성공관에서도 벗어날 수 있고, 특히 진로에 대한 부모의 지나친 편견이나 간섭조차 애정으로 품어내며 이겨내는 마음도 포함된다. 달관은 다른 사람들의 시선이 아닌 내 삶의 중심에서 비롯될 때 진정한 의미가 있다.

내 중심에서 나오지 않는 달관은 조선을 건국한 태조 이성계의 아들 이방원이 고려왕조에 대한 절개를 굽히지 않았던 정몽주를 향해 지은 시, '하여가'(何如歌)와 같이 취급될 수 있다. '이런들 어떠하리 저런들 어떠하리'로 시작하는 그 시는 삶의 중심을 포기하고 그저 주변의 대세를 좇아 사는 게 어떻겠냐는 식의 체념과 포기를 권유하고 있다. 우리 안의 'ㄱ홍길동'이 속삭이는 '좋은 게 좋다' 혹은 '눈 한 번 질끈 감으면 끝'이라는 유혹이기도 하다.

그 같이 비틀린 달관에 흔들리는 것은 2030세대뿐만 아니라 장년 세대도 마찬가지다.

무언가가 뒷덜미를 붙들고 있다는 느낌, 시간이 갈수록 그 힘이 점점 더 강해지고 있다는 생각이 우리를 당황하게 하고, 그런 찜찜함이 앞으로도 계속될 것 같은, 더구나 언제까지일지 모른다는 불안이 우리를 엄습한다. 분명 눈은 뜨고 있지만 도대체 앞이 보이지 않는다. 그래서 차라리 눈을 감아버리는 사람들, 그런 편이 훨씬 낫다고 말하는 사람들이 늘어난다.

청장년 할 것 없이 무분별한 다단계가 퍼지고, 아무리 아껴도 미래가 없다는 이유로 차라리 오늘을 즐기자는 유혹의 손을 맞잡은 사람들은 여전히 비싼 외제자동차를 리스 또는 할부로 값싸게 구매한 후 한껏 기분을 낸다. 그러다가 막상 3년이 지나 잔금을 갚아야 할 때가 오면 통장이 이미 바닥이 나 있어서 본래의 값에 반도 안 되는 급매로 내놓아 중고차 시장이 외제차로 넘쳐나고, 부자들은 3년마다 그런 차들만 싼값에 골라 타며 호사를 누린다. 어쩌면 누군가에 의해 의도되어 가는 듯한 정치 혐오증을 이유로 특히 청년들의 선거참여율이 떨어지는 것 역시 눈을 떠도 앞이 보이지 않아서가 아닐까.

그러나 눈을 감는다고 해결되는 것은 하나도 없다. 마음의 짧은 위안은 될지 모르나 시간이 지나면 더 큰 문제들이 우리를 당황케 하고 두렵게 만든다. 그러다 언젠가는 결국 눈뜬장님이 될 수도 있다.

대형교회들의 실상이 그렇다. 세계사적으로도 유례를 찾기 힘든 비폭력저항운동의 상징인 3·1운동의 주축은 교회였지만, 오늘의 교회는 값비싼 음향기계들이 토해내는 크고 장엄한 소리로 예배당을 가득 채워 사람들의 눈을 세상으로부터 감겨놓고 만다.

눈을 감는 또 다른 이유도 있다. 내가 아니더라도 누군가 나를 대신할 수 있다는 막연한 믿음이다. 그러나 그 유명한 *'제노비스 사건'에서 나타난 '방관자 효과'처럼 내가 눈을 감으면 다른 사람 역시 눈을 감기 쉽다. 아니, 내가 눈을 감기 때문에 다른 사람 역시 눈을 감는다. 즉, 내가 다른 사람의 눈까지 감기는 것이며 자칫 침묵의 책임까지 떠안을 수 있다. 부정부패가 나라를 망친다 생각하고 우리 아이들에겐 좀 더 나은 세상을 물려주자 말하면서도 '비록 허물은 있지만, 능력이 뛰어나다.'는 논리에 눈을 감고, 좋은 사회가 우리를 행복하게 한다는 선진국들의 사례에 부러워하면서도 '너만 잘되면 행복할 수 있다.'는 부추김으로 내 아이의 눈마저 감도록 강요한다.

눈을 뜨면 어둠을 만든 자가 보인다

　그렇게 우리가 눈을 감는 사이, 전세난에 쫓겨 도심에서 멀어지는 사람들의 출근 시간은 점점 더 길어지고 그렇게 일하면서도 통장의 잔고는 줄어든다. 최악으로 치닫는 청년실업과 자영업의 몰락, 대책 없는 조기 퇴직에 떠밀려난 장년층 간의 일자리 전쟁으로 세대연합은커녕 세대 간 갈등이 높아진다. 노인은 곧 궁핍이라는 것을 증명하는 노인 빈곤율이 노인자살을 부추기며 인간과 사회의 정신문화를 고민하는 인문학조차 학교에서 사라지고 있다. 이런 형편에서 인권지수가 급하게 떨어지는 것은 당연한 현상이며, 최저의 출산률이 말하듯 더 이상은 사람이 사람을 낳지 않으려는 공감대가 널리 퍼져 있다.

　그런데도 걸핏하면 1인당 국민소득 4만 달러를 강조하지만 우리나라는 1주일 동안 기껏해야 18시간밖에 일하지 못하는 초단시간 노동자가 OECD 국가 중 최고인 120만 명(2015년 3월 23일 통계청 자료 기준)에 이르고, 전체 임금근로자 가운데 약 25% 정도가 최저임금 수준 이하에 머물러 있는 오늘에서 벗어날 수 있으리라는 희망조차 줄어들고 있다. 상위 1%를 향한 부의 편중이 심해지는 현실에서 한낱 평균에 불과한 1인당 국민소득이 얼마나 '웃픈' 것인지, 그래서 이제는 "지금 얼마나 행복합니까?"하고 물어보아야 하는데, 그 같은 질문에도 눈을 감게 된다.

사정이 이렇다 보니 설사 눈을 뜨고 보아도 당장 깜깜한 어둠에 도무지 어디를 어떻게 가야 할 지 답답하다. 그래도 눈을 뜨고 있노라면 이상하게 그런 어둠을 만들어 내는 사람들이 보인다. 눈을 뜨고 지켜보고 있노라면, 그래서 상대방도 누군가 자기를 지켜보고 있다는 생각을 가지게 한다면, 어둠의 속도가 더뎌지고 오히려 조금씩 밝아지게 할 수 있지 않을까?

　우리가 눈을 감고도 괜찮은 조건은 딱 한 가지, 내가 눈을 감아도 원했던 목적지까지 사회가, 국가가 데려다줄 수 있을 때다. 청룡열차를 타고 급한 경사를 쏜살같이 미끄러질 때 너무 두려워 눈을 딱 감아버려도 이윽고 눈을 뜨면 최종 목적지까지 안전하게 도착하는 것과 마찬가지다. 너무 힘들어 잠시 한눈을 팔거나 눈을 감고 가만히 있어도 괜찮은 사회, 그것을 우리는 '사회안전망'이라 부르지만, 노래악보의 도돌이표처럼 되풀이되는 크고 작은 사건들은 그런 기대가 한낱 꿈이라는 사실을 우리 모두에게 단단히 각인시켜 주고 있다.

 감지 말자, 눈을 뜨자

　쏜살같이 날아오는 축구공을 이마에 제대로 갖다 대려면 그 순간 눈을 감지 말아야 하고, 주먹이 끊임없이 오가는 권투에서도 상대방의 주먹이 내 얼굴로 날아드는 그 순간 눈을 감아버리면 다시 반격할 기회는 오지 않는다. 눈을 감은 사이 내가 볼 수 없었던 다른 주먹이 이미 날아들기 때문이다. 그 주먹이 나의 다른 쪽 얼굴을 때리기 전에, 내가 먼저 눈을 뜨자.

그래서 진정으로 좋은 관계란, 상대방의 눈을 감게 만들지 않는 것이다. 누가 먼저랄 것도 없이 내가 먼저 눈을 뜨고 친구와 함께 멀리서 빛나는 불빛을 바라보는 것이다.

---

* 제노비스 사건
1964년 3월 13일 금요일 새벽, 미국 퀸스 지역 주택가에서 키티 제노비스라는 여성이 강도의 칼에 찔려 살해되는 동안 무려 38명이나 그 현장을 목격했으면서도 아무도 도와주지 않았을 뿐 아니라 경찰에 신고조차 하지 않았던 사건.
이후 이 사건은 당시 언론 등에 의해 과장되었다고 밝혀졌지만, 주위에 다른 사람들이 많을수록 책임 떠넘기기 현상이 두드러지면서 어려움에 처한 사람을 오히려 돕지 않는 '방관자 효과'를 극단적으로 설명하는 사례로 자주 인용되고 있다.

Epilogue

:

함께 나누는 편지

Epilogue

함께 나누는 편지

 '2030' 님에게 _ 젊은 당신의 자존심

패러다임 시프트(Paradigm Shift)란, 어떤 시대를 살아가는 사람들의 인식이나 사고방식 혹은 어떤 대상이나 행위 및 사건들에 대한 이해의 틀 또는 체계가 크게 변화하는 것을 말합니다. 요즘같이 변화의 속도가 빠른 시대에 자주 듣는 말이지요. 즉, 시대는 이미 변했는데 인식체계는 여전히 과거에 머물러 있어 서로 간의 소통이 힘들고 새로운 기회를 발견하기 어려워지고 있습니다. '꼰대'라는 표현도 패러다임 시프트가 되지 않은 어른들을 비꼬는 말이겠지요. 즉, 현재의 문제를 해결하는데 과거의 성공방식을 고집하는 것도 패러다임 시프트가 되지 않는 상태입니다.

그렇다면 시대가 요구하는 패러다임 시프트는 과연 무엇일까요?

이에 대해 '중심에서 변방'으로, '주류에서 비주류'로의 가치전환이라고 말하는 사람들이 많습니다. 지금껏 우리가 도시와 도심으로 상징되는 주류로 사는 삶을 위한 경쟁에 몰두해 왔다면, 앞으로의 시대는 그 같은 중심과 주류가 요구하는 획일적인 가치 기준에서 벗어나 개개인의 차별성을 살리면서 공유하고 협업하여 공동의 시너지를 만들어내는 가치체계여야 한다는 것이지요.

그러고 보니 요즘처럼 시골음식, 시골길, 시골체험 등이 주목받는 때가 없었던 듯합니다. 시골의 재발견이라고 할까요? 물론 교통이 훨씬 편해졌고 휴일도 많아졌으며 도시의 번잡함을 피해 잠시라도 쉬고 싶은 사람들의 심리와 함께 소위 '먹방 전성시대'로 표현될 만큼 사람들의 원초적인 감각을 자극하여 시청률을 높여보려는 미디어들의 치열한 경쟁 때문이기도 합니다. 그러나 근본적으로는 사람들이 경쟁 중심의 삶에 지쳐있다는 방증, 또한 그럼에도 불구하고 여전히 나아지지 않는 삶의 질에 대한 회의가 반영된 때문이라 생각합니다.

어쨌든 시대가 원하는 패러다임 시프트는 청년들에게 더 많은 기회를 만들고 있다고 생각합니다. 나는 거기에 덧붙여 '크기보다 밀도'를 추가하고 싶습니다. 사실 크기를 키우는 일은 비교적 어렵지 않습니다. 그렇다고 이 말을 회사의 매출을 키우는 것으로 생각하지는 말아 주세요. 제가 이야기하는 크기란 외형을 뜻합니다. 겉사람, 즉 겉으로 비치는 나의 모습이지요.

반면 밀도는 나의 속사람입니다. 어떤 카메라에 비치는 피사체의 크기를 키우는 일은 쉽습니다. 그저 스마트폰에 내장된 카메라의 줌을 조절하면 되는 일이니까요. 그렇게 촬영된 이미지가 깨지지 않도록 선명성을 유지하는 것이 '화소'로 표현되는 밀도겠지요. 높은 화소를 가진 카메라가 당연히 비쌉니다.

요즘같이 청년창업이 유행인 때에는 누구라도 명함 한 장 갖는 것이 그리 어렵지 않습니다. 반대로 그가 얼마나 진실한 사람인가는 상당한 시간과 관계를 통해 천천히 확인될 수 있습니다. 제가 청년들에게 급할수록 급하지 말아야 한다고 말하는 이유입니다.

요즘처럼 청년들의 불만이 많았던 때도 없었지요. 단지 취업이 어렵고 결혼이 힘들며 출산조차 포기해야 한다는 '삼포세대'를 넘어 이제는 자신을 그 모든 것에 달관했다는 '달관세대'로 부르기 때문만도 아닙니다. 그 정도의 고달픔은 조금씩 차이가 있었을 뿐, 시대마다 늘 있었으니까요.

청년들의 마음 밑바닥에는 도저히 어떻게 할 수 없다는 상실감, 그래서 어떤 희망도 가질 수 없을 것 같은 절망감이 있습니다. 대체로

70, 80년대의 청년들은 정권은 물론 나라의 운명조차 바꿀 수 있다는 자신감과 패기가 있었지만, 아무래도 지금의 청년들은 그때보단 조금 덜한 듯 느껴집니다. 그러면서 자기 자신을 공고히 결탁한 자본과 권력의 쌍두마차 및 과거에 사로잡힌 부모세대의 인식장벽에 가두고, 마치 사방이 절벽과 다름없는 사면초가의 상태로 자신을 몰아가는 것은 아닌가 싶은 걱정도 있고요.

물론 이렇게 된 책임은 온전히 어른들의 몫입니다.

지난 1992년, 그때까지 무려 30여 년 지속 되어왔던 군인 출신 대통령 시대가 막을 내렸을 때, 우리 국민 대다수는 '이젠 정말 나만 열심히 살면 되겠다' 는 생각으로 잔뜩 기대에 부풀었습니다. 덕분에 문민정부 5년 동안 7%가 넘는 연평균 경제성장률과 비교적 낮은 물가상승률을 고려할 때 사실상 최고의 경제번영기를 누렸지만, 정권 말기에 불어 닥친 참담했던 IMF를 겪고서야 그것이 거품경제가 만들어낸 초과수요의 결과였음을 알았지요. 아마도 그것이 지금의 어른들이 잘못 끼운 첫 단추가 아니었을까 생각합니다.

돌이켜보니 정말 그때부터였어요.

회사가 통째로 망하거나 구조조정으로 내쫓긴 사람들이 온갖 종류의 영업직종 명함을 들고서 무엇이라도 팔아보려 옛 직장 주변을 얼씬거리며 한때 동료였던 사람들에게 읍소했던 것도, 운이 좋아 살아남았지만 그 대신 잔뜩 늘어난 업무와 악화된 고용환경에 야근을 밥 먹듯 하면서도 그렇게 찾아온 옛 동료에 대한 미안함에 아내 몰래 카드를 긁었던 것도, 천정부지로 치솟은 살인적인 이자율을 이용해서 가만히 앉아 돈 버는 사람들을 보게 된 것도, 위험한 줄 알면서도 수십 가지 신용카드를 돌려막기 시작했던 것도, 이렇게 한 번 떨어지면 다신 기어오를 수조차 없구나 싶은 두려움이 엄습했던 것도, '살아남는 것이 강한 자'라는 말이 유행하게 된 것도, '회사가 전쟁터면 밖은 지옥'이란 말이 생겨난 것도, 너나없이 돈 되는 것만 찾아다니게 된 것도, 그래서 그가 누구든 상관없이 '부자 되게 해 준다'는 사람을 대통령으로 뽑아 준 것도, 다 그때부터였다고 생각됩니다.

이제야 정신 차리고 세상을 쳐다보며 먹고 살기에 바빴다는 변명과 그래도 이만큼 키워놓지 않았느냐는 항변을 해봐야, '너만 잘되면 행복할 것'이라는 경쟁적·비교적 행복론을 가르쳐놓은 책임을 대신할 수 없다는 생각이 듭니다.

그래서 참 미안합니다.

어찌 되었든 수명은 점점 늘어나 100세를 산다는데, 제대로 해 보지도 않고 20, 30대에 벌써 지쳐 포기하면 안 되는 거 아닐까요? 지금 형편에서도 혼자 혹은 같이 해볼 수 있는 것들이 아직 많이 남아 있지 않을까요? 그대가 가진 꿈이 단지 대기업 직원과 공무원이 되는 것이 아니라면 아직 게임은 끝나지도, 어쩌면 시작조차 안 했을 수도 있지 않을까요? 비록 시간이 걸리더라도 '남 보기에 부끄럽지 않을' 부모의 기준을 '나 자신에게 부끄럽지 않을' 나의 기준으로 설득해가면서 그래도 '자식 이기는 부모 없다'는 내리사랑을 믿어보면 어떨까요?

소위 '잘 나가는' 친구들이 부럽기는 하지만, 어쩌면 그 친구들 역시 위아래로 꽉 막힌 조직문화에 짓눌린 시간과 불편한 마음을 '척'하는 것으로 메꾸는 건 아닐까요? 어쩌면 그 친구들은 대학을 졸업하고서도 여태껏 아르바이트해서 번 돈으로 어느 때든 상관없이 여행을 떠나는 그대의 용기를 내심 부러워할지도 모르잖아요? 여전히 현기증을 느낄 만큼 빨리 변하는 시대에서 주변의 시선에 쫓겨 무언가를 급히 선택하기보다, 조금 더 지체하더라도 세상을 더 크고 넓게 경험하는 그대가 오히려 더 지혜로울 수도 있지 않을까요?

그래서 염치없지만, 그대에게 부탁할 것은 기왕에 '짐 하나 더 짊어질 순 없을까?' 하는 것입니다.

물론 생각하기 따라서는 그 짐이 짜증 나게 무거울 수도, 반대로 깃털같이 가벼울 수도 있지만 그래도 용기 내어 말해본다면, 우리 헌법에 새겨놓은 자유와 평등의 가치를 청년의 삶에서 그 누구도 탓하지 말고 스스로 주변에 실천해 나가자는 것이지요. 특히 지난날 숨 쉴 틈 없이 밀어닥친 이런저런 위기의 일상화 속에서 허겁지겁 살아오다 보니, 내가 원하는 일을 마음껏 할 수 있는 자유는 더욱 희미해졌고 경제적 양극화로 사회적 지위와 신분은 굳어져 직업과 상관없이 꽃 같은 가치로 동등하게 인정받아야 할 평등조차 옥죄게 하였습니다.

무슨 말이냐고, 그건 전부 정치인과 어른들 때문이 아니냐고 말한다면 여태껏 우리들의 교육이 너무 잘못되었다는 증거이며, 그 책임은 오롯이 우리 부모세대에게 있습니다. 그러나 이대로 내버려둘 수 없는 까닭은 그로 인한 상처와 고통은 고스란히 그대들의 몫이기 때문이지요. 어쩌면 오늘의 우리 청년들이 처한 현실은 자유와 평등의 진정한 가치를 회복하기 위한 전화위복이 될 수 있습니다.

그대들에게 바라는 것을 하나씩 풀자면 이렇습니다.

첫째, 차라리 지금의 현실을, 그동안 우리 사회가 만들어 놓은 인위적인 정상화의 기준을 과감하게 허물어뜨리는 계기로 삼으면 어떨까요? 대학을 나와야 사람 구실을 하고, 대기업이나 안정된 직장의 명함을 가지는 것이 교육의 결과라는 획일적 기준에 저항하여 꿈을 꾸게 하고 그 꿈을 구체화, 현실화시켜가는 것이 교육의 존재 이유라는 사실을 되돌아보는 것입니다.

둘째, 부모에게서 독립하는 것이 필요합니다.

경제적으로는 물론 정서적으로도 독립해서 부모세대의 가치 기준을 가슴으로 설득하여 부모와 함께 패러다임 시프트의 징검다리를 건너봅시다. 경제적으로 독립하자는 것이 꼭 거처를 옮기라는 말은 아니고요. 같은 공간에 거주하면서도 최소한의 생활비를 부담하는 것도 경제적 독립이겠지요. 부족하더라도 조금씩 책임을 져 나가는 모습에서 그대를 향한 부모의 믿음은 한 뼘 더 커질 것이니까요.

정서적인 독립은 특히 부모세대의 결혼관인데요, 비교와 경쟁의 사회를 살아왔던 부모에게 자녀가 결혼하기 원하는 상대의 물질적·사회적 조건은 안타깝지만 꽤 중요한 자존심입니다. 정작 그들 부모세대는 사랑 하나만으로 결혼했으면서도 이상하게 자녀에게는 그들과 다른 결혼을 요구한다는 것은 참 이상한 결혼관이기는 합니다. 물론 자녀에 대한 걱정 때문이겠지만 어쨌든 부모의 자존심이 포함된 것 또한 현실입니다.

결혼은 분명 사랑의 시너지입니다. 정말 진정으로 상대를 사랑한다면, 그것으로 미래의 시너지를 만들 수 있다는 자신감이 더 중요하며 그것이 곧 자존감이라는 생각이 들어요. 그러니 꼭 남들만큼의 결혼식, 여행, 신혼주택을 결혼준비로 생각하기보다 그 모든 것들이 부족한 자리를 그대의 사랑으로 채울 수 있다면 좋겠어요. 만약 상대가 부모의 반대 때문에 흔들린다면, 될 수 있으면 빨리 헤어질 것을 권합니다. 사랑보다 힘센 것이 있다고 생각하는 사람과는 지금이 아니어도 언젠가는 꼭 문제가 생기기 마련이니까요.

셋째, 나의 속사람을 키우고 또한 상대방의 속사람을 확인할 때까지 급하지 말았으면 좋겠어요. 그가 건넨 명함에 찍힌 회사 로고를 평가하기보다 그가 왜 그 회사에 입사했는지, 그리고 앞으로 어떤 계획을 하고 있는지가 더 궁금해야겠지요. 그러려면 우선 나부터 남들이 아닌 '내가 원하는' 삶을 살아가야겠지요. 내가 다른 사람이 원하는 삶에 맞추어 살아간다면 다른 사람에게도 그런 기준으로 대할 수밖에 없기 때문입니다.

넷째, 많이 듣는 것보다 하나라도 실행에 옮기면서 끈질기게 싸워보는 것은 어떨까요? 가만히 있어도 내 손 안의 스마트폰이 좋은 말과 글 그리고 새로운 정보들을 쉴 새 없이 배달해 주는 세상에서 누구든 마음만 먹으면 어떤 지식도 어렵지 않게 배울 수 있고, 유명인들의 강연에도 무료로 참가할 수 있습니다. 그런데도 우리의 오늘이 어제와 다르지 않다면 그건 아마 실행력 때문일 수 있습니다. 변화는 머리와 가슴에서 시작되지만, 손과 발이 완성하는 것이니까요.

혹여 유명인들을 맹목적으로 좇아다니는 일은 하지 말았으면 좋겠어요. 그들로부터 배우되 정말 멘토를 원한다면 그대 가까이에서 찾는 것이 좋습니다. 평범해 보이는 사람에게도 성공의 비밀이 있기 마련이거든요. 어쩌면 젊은 그대가 그의 멘토가 될 수도 있지요. 그가 누구든 사람은 언제나 서로의 교과서이기 때문입니다. 가까이에 있는 여러 사람과 연대하되 또한 그것이 수평적인 것에 그치지 않고 세대와 계층을 아우르는 입체적인 교제였으면 더욱 좋겠습니다.

　마지막으로, '사랑이 밥 먹여주느냐?'는 빈정거림에 넘어가지 말았으면 좋겠습니다. 넘어가는 순간, 사랑이 밥 먹여주는 순간을 영원히 경험할 수 없기 때문입니다. 지금 그 누구보다 뛰어날지 모를 그대의 현실적인 능력은 안타깝게도 평생 보장되진 않습니다. 나 역시 이 나이 되도록 내 소유로 된 집 한 칸 없으면서도, 많지 않은 벌이조차 집보다 다른 데 쓰는 돈이 더 많으면서도, 아직껏 밥 굶지 않고 살아가는 이유는 사랑이 밥 먹여준다는 말을 믿었기 때문입니다.
　또한 이 말은 곧 선거가 밥 먹여주느냐는 말, 정의가 밥 먹여주느냐는 말과도 같습니다. 우리가 살아가면서 겪게 되는 모든 일을 정치적인 혹은 비정치적인 것으로 구분할 이유는 없습니다. 교육, 연애, 취업, 급여, 결혼, 주택, 치료, 노후, 여가 등 살아가는 모든 것의 실체가 정치라는 사실도 잊지 말아야 합니다. 그것은 그대들에게 정치 혐오증을 심어주고 선거가 밥 먹여주느냐고 말하는 사람들이 오히려 투표장을 지키는 이유와도 같습니다.

어차피 이상 국가, 이상 정치란 없습니다. 그건 마치 완벽한 사람이 존재한다고 믿는 것과 같겠지요. 한 점 부끄러움이 없는 사람이 아닌, 잘못을 인정하고 부끄러워할 줄 아는 사람을 찾아야 하는 이유이기도 합니다. 그래서 정치란 세상사는 사람들이 맞닥뜨리는 부족함과 세대 간, 계층 간 갈등의 최소화를 위한 균형의 도구일 뿐입니다.

젊은 그대. 당신은 존재 그 자체로 삶의 이유가 있는 사람입니다.

자기를 스스로 인정하지 않으면서 다른 사람의 인정을 기대하는 것만큼 어리석은 경우는 없겠지요. 그렇다면 힘들더라도 오늘에 집중해 보는 것은 어떨까요? 왜냐하면 '오늘'만이 우리 것이기 때문이지요. 오늘에 감사하지 못하는 사람이 내일 감사할 수 있으리라는 생각은 하지 않는 것이 좋겠어요. 행복은 금요일이 아니라 오늘이기 때문이지요.

그래서 과거 역사에 대한 비판을 넘어 오늘 우리가 만드는 미래 역사에 책임의식을 갖는 것, 개인의 행복을 넘어 사회 전체의 행복을 만들어 가는 것, 그것까지 젊은 당신의 자존심이면 좋겠어요. 시대가 원하는 패러다임 시프트(Paradigm Shift)의 진정한 주인공이면 좋겠습니다.

'4060'님에게 _ 대단한 일을 넘어서 위대한 일로

"너는 커서 뭐가 될래?"

이런 질문은 어렸을 때 누구라도 셀 수 없이 많이 들었지만 정작 되고 싶은 인물은 그때마다 달랐지요. 제일 만만한 것이 대통령, 경찰, 선생님이었고 간혹 유명한 스포츠 선수나 가수, 배우 등 스타연예인도 있었지만 어떤 엉뚱한 친구는 어묵 장사를 하는 사람이 되겠다고도 했지요. 그때 어른들은 황당하기 짝이 없는 우리들의 이야기를 들으면서도 '어림없다'거나 혹은 '쓸데없는' 등의 말로 기죽였던 적이 없었지요. 나중에 내가 어른이 되어서야 그 이유를 알았는데, 현실도 모르는 아이들이 생각나는 대로 떠들어대는 이야기는 어른들에겐 한낱 꿈이기 때문이었지요.

그러나 현실이 될 수 없는, 한낱 꿈인 줄 알았던 것이 실제 현실이 된 경우는 너무나 많습니다. 나중에 커서 대통령이 되고 싶다던 한 아이는 어른이 되어 대통령 김영삼이 되었고, 국가대표 축구선수가 될 것이라 했던 한 아이도 어른이 되어 국가대표 축구선수 박지성이 되었으니까요.

우리는 얼핏 꿈과 현실을 다른 것으로 생각하면서 꿈은 아이들의 몫, 현실은 어른들의 몫으로 구분 짓는 습관이 있습니다. 그러나 어른들 역시 여전히 꿈을 꾸면서 고단한 현실을 이겨내고 있으면서도, 꿈을 목표로 바꾸어 말하는 습관 때문에 꿈이라고 생각지 못하는 경우가 종종 있지요.

그렇듯 우리가 꾸는 꿈은 아이들의 그것보다 훨씬 현실적이고 구체적인 목표로 그리고 그 꿈에 도달하기 위한 계획이란 단어로 바뀌었을 뿐, 우리는 모두 여전히 꿈을 먹고 삽니다. 꿈이 있다는 건 살아있다는 증거, 생명의 에너지이며 동시에 현실입니다.

이런 현실은 100세 시대라는 현재를 기준으로 할 때 40세가 60년, 50세는 딱 그만큼의 연수가 남았으며 심지어 노년에 해당하는 60세도 무려 40년이라는 긴 시간이 남아 있지요. 그러기에 오십대인 나도, 육십이 넘은 선배도, 아직 사십인 후배도, 청년들과 함께 여전히 꿈을 꾸어야 하고, 그것이 오늘을 살아내는 이유가 되어야 합니다.

물론 얼핏 하면 '꼰대' 소리 듣는 4060 세대는 '전쟁터이든 지옥이든' 상관없이 분명 쉽지 않았던 시대의 생존자들이며, 끝내 살아남았으니 분명 강한 사람들이겠지요. '꼰대'가 훈장일 수 있는 것은 그만큼 대단한 사람들이기 때문입니다.

그러나 나는 4060님들이 꾸는 꿈은 2030 청년들의 꿈과는 달랐으면 좋겠어요. 적어도 '너는 커서 뭐가 될래?'와 같은 것이 아니라 지금껏 정말 대단한 사람이었던 우리가 앞으로는 '위대한 일'을 꿈꾸고 함께 실행하면 좋겠습니다. 예컨대, 앞으로도 수십 년 남은 세상의 시간을 풍광 좋은 교외에 그림 같은 집을 짓고 살면서 그동안의 수고를 스스로 보상받는 것도 좋겠지만, 단지 거기까지에 그치기보다 더 위대한 것들도 함께 꿈꾸어 나갔으면 좋겠습니다. 나만, 내 아이들만 챙기다 끝내기엔 우리가 만든 100년의 드라마가 너무 재미없겠다는 생각도 듭니다.

대지주의 아들로 태어났지만, 세상 떠날 때까지 시골농사꾼으로 살다간 전우익 씨의 책『혼자만 잘 살믄 무슨 재민겨』에는 '버릴 줄 알아야 지킬 줄 알겠는데 버리지 못하니까 지키지 못합니다.' 라는 내용이 나옵니다. 그 책을 처음 읽었던 서른 대 여섯 무렵엔 내 삶의 연수가 너무 짧아 가슴으로 읽지 못하다가 이제 와 다시 꺼내 드니, 경북 봉화산골에 틀어박혀 지냈던 농사꾼의 혜안과 삶의 지식이 몹시 뛰어나 놀랍고 부끄러웠지요. 그때 이런 생각을 했습니다.

우리가 꿈을 꾼다면 흙으로 집을 지어 혼자 잘 살기보다 도시든 시골이든 사람으로 집을 지어 함께 잘 살아가는 꿈이어야 하지 않을까? 특히 청년을 키워내는 일이었으면 더욱 좋겠다는 생각 말입니다. 왜냐하면 우리는 아이들에게 끊임없는 경쟁을 요구했고 어떻게든 맨 앞줄에 서기를 원했으며 성적, 대학, 취직, 결혼으로 이어지는 규격화된 틀 안에서 그들의 꿈조차 '1등'으로 획일화시켰거든요.

그 결과 '성공한 소수, 실패한 다수' 라는 F 학점의 성적표를 그들에게 안겨 놓았으며, 그럼에도 불구하고 그런 그들이 우리의 미래를 책임져 나가야 하기 때문입니다. 우리가 그런 청년을 단 한 명이라도 키워나간다는 생각으로, 그가 가진 꿈을 나누고 응원하면서 함께 지켜낼 수 있다면 정말 위대한 일이 아닐까요?

물론 눈에 밟히는 내 아이들도 참 소중합니다.

그러나 나 역시 자식 셋을 키워보니 그건 그저 일상이란 생각이 듭니다. 적게 벌든 많이 벌든, 적게 가졌든 많이 가졌든 상관없이 그저 가족이기에 함께 살아지는 일상 말입니다. 물론 내가 가진 것, 버는 것에 따라 때론 힘이 드는 때도 숱하게 많았고 또 아직 끝나지도 않았지만, 그래도 그들은 내 뜨거운 사랑을 누구보다 먼저 받는 아이들이지 않습니까?

그래서 더욱 그런 생각이 들었지요.

지금까지 혼자 살아남기에 급급했던 우리들의 모습을 내 아이들에게는 유산으로 남기지 않았으면 좋겠다는 생각 말입니다. 그러려면 내 집 밖의 다른 청년들에게도 관심을 가져야겠지요. 그 숱한 어려움을 이겨냈던 우리들의 경험을 그들에게 들려주고 또한 청년들의 이야기도 들으면서 우리들의 사랑을 조금이나마 내 집 밖으로 내보내는 일에 머리를 맞대보면 어떨까요? 그래서 이 어려운 시대, '내 자식만'이라는 집착을 내려놓고 세대 간 연대를 통해 '내 자식까지' 함께 지켜내는 기적을 꿈꾸어보면 어떨까요? 우리들의 남은 삶을 내 아이들과 같은 모든 청년들과 함께 채워나가면 정말 재밌는 드라마가 되지 않을까요?

'¬홍길동' 님에게 _ 여덟 색깔 크레용

'¬홍길동' 님, 이 책의 주인공은 당신입니다.

맨 처음 님을 만났을 땐 다소 의아했고, 나중에 님을 알게 되었을 땐 매우 당황했지요. 그런 이유에 대해서는 앞에서 잘 설명해 드렸습니다.

이미 밝혔듯, 이름 앞에 '¬'을 붙인 이유를 알게 된 후 님에 대한 나의 첫 느낌은 비호감이었습니다. 그러나 그 이유가 무엇이든 간에 그건 나의 오해였으며 분명한 잘못입니다. 따지고 보면 이런저런 SNS에 저장된 자기 이름 앞에 또 다른 별명이나 수식어를 붙여놓은 사람들은 셀 수없이 많습니다. 그럼에도 님을 꼭 집어 마치 공유의 훼방꾼이라 생각했던 것은 님이 사용한 이니셜의 독특함을 떠나 나의 섣부른 생각이었습니다.

물론 이 책을 쓰기 시작하기 전에 이미 나는 님에 대한 그런 생각이 바뀌어 있었지요. 그럼에도 불구하고 이 책의 처음을 그때의 느낌으로부터 시작한 것은 뜻밖에 다른 많은 사람조차 크든 작든 님에 대한 그런 오해가 조금씩 있기 때문이기도 합니다. 그래서 나의 경험을 가감 없이 공개하게 된 것이지요.

그러나 더 큰 이유는 이미 책에서 써놓았듯, 내가 님의 이니셜에서 오해했던 느낌과 같은 혹은 더 심하게 생각했던 것들을 나 자신을 포함한 다른 많은 사람의 행동에서 발견하고 있었기 때문입니다. 이른바 누구에게나 잠재된 내 안의 'ㄱ홍길동'의 마음 말입니다. 그러니 님에 대한 나의 첫 느낌 따위는 정말 아무것도 아닌 셈이 되고 말았네요. 예컨대 님이 몸통인 줄 알았더니 정작 몸통은 나 자신이었다는 뜻이지요. 그래서 더욱 감사한 것은 님을 통해 나를 좀 더 돌아볼 수 있었다는 사실입니다.

'ㄱ홍길동' 님, 당신은 분명 적극적인 사람입니다.

자신의 이름 앞에 붙인 'ㄱ'은 님이 다른 사람에게 자신을 먼저 공유의 제물로 내어놓겠다는 적극적인 신호이며 용기 있는 손짓이었지요. 실제로도 내가 아는 몇몇 'ㄱ홍길동' 님들은 자신이 가진 경험이나 알고 있는 지식을 어떻게든 나누어주려 애쓰는 사람들이 많았습니다.

덧붙여 우리 모두가 앞으로의 시대에 필요한 마음과 태도 그리고 다른 사람들과의 관계를 생각하는 데 있어 'ㄱ홍길동' 님, 당신의 그 단순하면서도 순진한 이니셜은 참으로 많은 생각을 하게 만들었습니다.

이제 오래된 내 이야기를 같이 나누면서 지금껏 님과 함께 했던 시간을 정리해 볼까요?

초등학교 시절, 미술시간이면 가방에서 크레용을 끄집어내는 친구들의 표정이 다 달랐지요. 내 기억엔 8색 크레용이 대부분이었고,

12색이나 24색인 친구들이 몇 명, 그리고 통 자체가 널찍했던 36색 크레용을 내놓는 친구들도 한두 명 있었는데, 그런 친구와 단짝이었던 다른 친구의 얼굴은 온통 부러움으로 가득 찼었지요. 물론 크레용 자체가 아예 없는 친구들도 있었으며 나 역시 8색 크레용밖에 없었지만, 그나마 누나와 형이 같이 쓰다 보니 대부분 색깔이 몽당연필 수준이어서 조심스럽게 아껴 써야 했던 기억이 있습니다.

그런데 8색 크레용이라고 해서 그림을 그릴 수 없었던 것은 아니었지요. 8색은 각각 하양, 노랑, 분홍, 빨강, 파랑, 남색, 보라, 검정이었는데, 36색 크레용에 있는 회색을 만들려면 검정에 하양크레용을 칠하면 되었기 때문입니다. 물론 애초에 회색크레용으로 한 번에 칠하는 것에 비하면 크레용 똥도 많이 나오고 색깔도 들쭉날쭉하였지만 그래도 원래의 색깔이 변해가는 것을 보는 재미도 괜찮았지요. 지금 생각해 보면 비록 8색 몽당크레용밖에 가지지 못했지만, 그래도 내가 그리지 못했던 그림은 없었습니다.

지금이 딱 그런 때가 아닌가 생각되네요. 어쩌면 우리는 지금껏 36색 크레용을 가지고 우리가 원했던 그림을 마음껏 그려왔다가, 너무 일찍 축제가 끝나버려 지금 우리 손에는 달랑 8색 몽당크레용만 남아 있는 그런 것 말입니다. 그래서 어떤 친구들은 8색 크레용으로는 더는 자신이 원하는 그림을 그릴 수 없다며 아예 그림 그리기를 포기하기도 합니다.

나는 먼저 그 친구들이 8색 크레용으로도 웬만한 그림을 모두 그려낼 수 있다는 사실을 알면 좋겠습니다. 덧붙여 그렇게 서로 다른 8가지 색깔이 제 몸을 서로 비벼댈 수만 있다면 우리가 원하는 꽃과 나무와 땅과 하늘과 바다뿐만 아니라 그 한가운데 무지개까지 그려 넣을 수 있다는 사실까지도 알면 좋겠습니다.

우리는 지금을 '공유의 시대'라 부릅니다. 또한, 공유는 어떻게든 한발 앞서보겠다는 마음보다 내 것을 기꺼이 내놓을 수 있는 마음, 나만 잘되면 된다는 생각에서 우리가 함께 잘되는 것이 진정한 행복이라는 생각, 즉 giver의 태도로부터 비롯되는 진정한 관계에서 시작됩니다. 바로 그럴 때 우리들의 열린 마음은 좋은 관계를 위한 훌륭한 도구가 될 것입니다.

최근에 감명 깊게 보았던 KBS TV 프로그램 〈명견만리〉에서 구글 코리아 김현유(미키킴) 상무는 "천재시대의 종말을 이끈 것이 곧 공유"라고 했습니다. 바꾸어 말하면, 공유할 수 있다면 우리 모두가 천재라는 이야기겠지요. 그렇다면 우리는 이제 절대 8색 크레용밖에 없다며 불평하고 좌절하여 꿈을 포기하기보다 오히려 천재가 되기에 딱 좋은 시대 환경의 주인들로 우리들의 꿈을 시프트 해야 하지 않을까요?

그렇다면 이 시대는 오히려 8색 크레용을 가진 사람들이 더 즐겁게 누릴 수 있는 시대가 될 것입니다. 그때 비로소 'ㄱ홍길동'님 당신 그리고 내 안에 'ㄱ'을 감추고 살아왔던 우리가 모두 이 시대의 진정한 주인공이 되지 않을까요? 우리 함께 우리들의 꿈을 시프트해 봅시다.

참 고맙습니다.

님.